女子の選択

橘木俊詔

東洋経済新報社

はじめに

女性の人生は選択の連続である。もちろん男性も選択はするが、女性ほど就職する際に仕事と家庭の両立を考える男性は少ないし、結婚したり妻が出産したりしたら仕事を辞めるという選択をする人もほとんどいない。同じ大学を卒業しても、男性がほぼ総合職で働いているのに対し、女性は総合職であったり、一般職であったり、派遣社員であったり、パートタイマーであったり、専業主婦であったりと、働き方や生き方の幅が広い。

男性には「専業主夫」という選択肢がほぼないことを踏まえ、前著『女女格差』で「女性は人生の生き方に関していろいろな選択肢があっていい」ということを書いたところ、反発、反論が届いた。代表例は論客の上野千鶴子氏などである。「選択しているのではなく、させられているのだ」というのが反論の主旨であった。確かに、女性にとって、選択できるように見えて、実は選択肢が限られているということは多い。既婚女性の中には仕事を続けたくても、夫の転勤や子育ての負担によって辞めざるをえなかった人もいるだろう。

本書では、そうした「させられている選択」も含め、大学・学部の選択、総合職・地域限定総合職・一般職・専門職の選択、民間企業・公務員の選択、結婚・出産という選択まで幅広く分析する。そこでの一つの視点は、女性の幸福ということを考慮に入れる点にある。女性に関しては、ここ数十年の間に高学歴女性の比率が高まったことが大きな社会的な変化の一つであり、インパクトがとても大きい。

高学歴女性には二つの意味がある。一つは大学卒全体を高学歴と見なす見方と、もう一つは本書でもかなり詳しく論じるように、超難関ないし難関大学で学ぶ女性を高学歴と見なすものである。その両方をここでは適宜用いるが、主たる関心は後者である。

戦前においては大学で学ぶ女性は非常に少なかったので、戦後になってから女性に大学進学者が見られるようになったのはとても好ましいことであった。教養・学識の高い女性の増加と、社会のいろいろな場所で働く女性の増加を促したからである。しかし戦後の20~30年間は働く男性のために大学が存在していたと言ってもよかった。その後、日本の家計所得が豊かになるにつれて女性の大学進学率は急上昇し、今では進学率は50%に達していて、女子大生の大衆化が進んだ。

そこで何が起きたかというと、従来であれば大卒女子対短大・高校・中学卒の女子の間における女女格差が学歴に関することでの論点であったが、今では女子大生間における新しい女女格差、すなわち難関あるいは名門大学で学ぶ女性対そうではない大学で学ぶ女性の間の格差が浮上した。前者については前著『女女格差』で詳しく論じたので、本書では後者に関心を払う。

男性においては、難関大学ないし名門大学対そうでない大学の間の格差は、戦前から現在まで社会で認識されていた。それが女性にまで見られるようになった、というのが現代の新しい動向なのである。とはいえ、男性と女性ではその効果が異なるのであり、それを本書では考察する。特に本書において関心を寄せたのは、女性あるいは働く女性の幸福感、働き方、結婚などである。

難関・名門大学で学ぶ女性の増加により、学識・技能に優れた女性が活躍できるようになり、いろいろな分野で指導的な職務に就くことができた。特に女性にとって目立つのは専門職であり、医師、法曹関係、研究者、大学教授などである。しかしこういう分野であっても組織に属する人は結構いるが、まだ組織の長（例えば、病院長、医長、学長、学部長、裁判所長、検事正など）や企業での管理職に就く女性の数はとても少ない。そもそもこういう地位に就くにはある程度の年齢に達していなければならず、それらの年齢において候補になる女性の少なかった理由に加えて、女性差別の存在と男性優位社会の煽りを直接被っていた。

もっとも遅れていた分野はビジネスの世界であった。上場企業、大企業の社長、重役といった経営者になる女性はほぼゼロであった。女性差別があったというか、企業が女性を登用する意思がほとんどなかったし、女性側にもそれを望む環境になかったこともある。

しかしこれでは世界の風潮から外れるし、人材活用の必要性、そして女性側の希望もあって、大企業を中心にしてコース別雇用管理制度を導入して、総合職採用の女性の中から将来の幹部を輩出させたいと企画した。ところが、本書で詳しく論じるようにそれはうまく機能していない。女性がワーク・ライフ・バランスの下で働けるような体制づくりが先決である。

女性で学識・技能に優れた人が多く輩出されているのに、日本はそれを充分に活かしきれていない。ポスト工業社会に入った今、優秀な女性の活躍の場を奪っているといえる日本なので、社会の発展のためには、そういう女性に活躍の場を与える必要がある。そのための具体策を本書では考える。これに関して、個々の大学がどのような特色を持っているかについても注意を払った。その際共学大学と女子大学の差についても言及した。

とはいえ、この策は高学歴女性のみならず、女性政策として女性全般にも通用するものが多いので、本書は女性全員が活躍できるためには、を論じていると考えてもらってよい。

橘木俊詔

目次

第5章 大学別に見た女子大生の教育・キャリア 125

第1章

今後の日本は女性の活躍が握っている

1

日本経済の発展は女性の活躍次第

人口減少は経済を弱くする

日本の人口が数年前に増加から減少に転じ、今のままの低出生率が続けば将来の人口はかなり減少して、労働力の減少が予想されている。労働力の減少は確実に生産能力の低下を生むので、日本はマイナス成長もありえて衰退の一途を歩むと予想されている。

この悲観的な予想に対して楽観論も指摘しうる。第1に、日本人もそこそこ豊かになったのだから、これ以上の高い所得や強い経済を望む必要はなく、働くことよりもっと人生を楽しむ生活を考えるべきではないか、という声がある。しかも資源環境問題に配慮すれば成長経済はこの問題に対して障害となる。筆者はこの考えの立場に近い（例えば橘木（2016）参照）。でもこの主張は日本においては少数派であり、多数派は成長経済の容認ないしむしろ促進の主張なので、どうすれば経済を強くできるかというテーマは、多くの人の関心の中にあると言ってよい。

第2に、労働力の低下を補う手段として外国人労働力の移入策がある。これまでの日本では外国人の流入にはかなりの制限があったが、真の労働力不足を気にして日本が外国人流入の方針を採用する可能性は高くなりつつある。現に2018（平成30）年に外国人労働者の移入が法律改正によって緩和された。外国人の移入が続けば衰退をそう危惧しなくともよい。あるいは日本人が一念発起して出生率の増加に励むか、大胆な政策を導入して日本人の出生率の増加を促すこともありうる。でもこれまで何度かこれらが試みられたが成功しておらず、この二つのシナリオを達成する確率は低いであろう。

第3に、ごく最近になっての顕著な変化は、AI（人工知能）の大進展によって人間による労働への期待が低下すると予想されている。すなわちAIやロボットの導入が進めば労働力を補えるので、労働力人口の減少を気にする必要はないという帰結を意味する。この現象はロボットやAIを創る人やうまく使いこなせる人と、そうでない人との間で経済格差を拡大するという副次効果を伴うので、手放しで歓迎できない。しかし人口の減少を補う手段として有効なことは確実である。

いろいろな留保はあるが、人口減少は大なり小なり労働力の減少をもたらす。ではどれほどの減少であろうか。図1-1は政府の研究会による予測を示したものである。人口減少による影響を防ぐために二つのシナリオ、すなわち出生率のかなりの増加（2・07）と、女性と高齢者がもっと労働参加する、が実行されなければ、どうなるのかの比較である。まずほぼ40年後

図1-1　日本の人口の推移

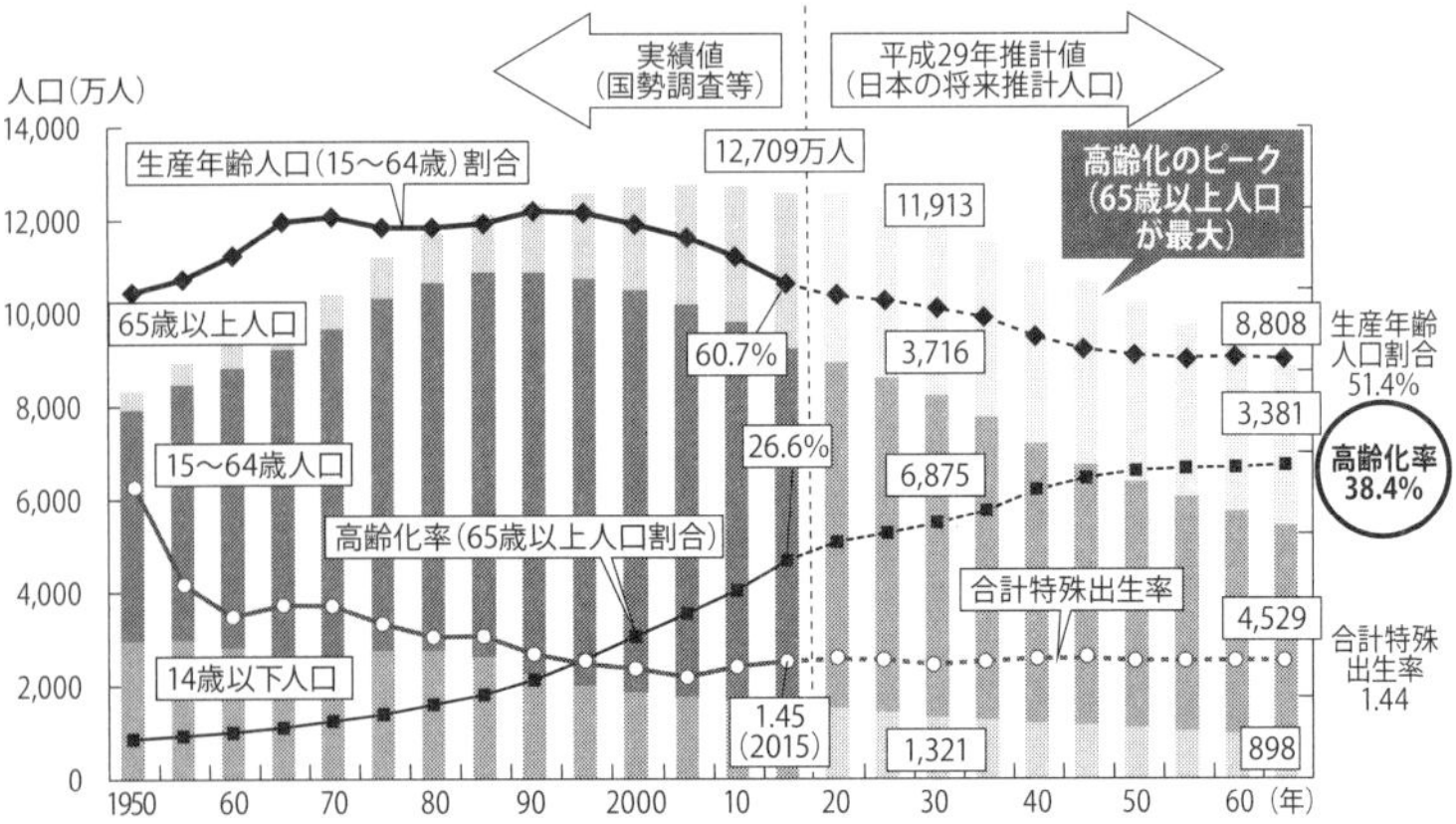

資料：総務省「国勢調査」、国立社会保障・人口問題研究所「日本の将来推計人口（平成29年推計）：出生中位・死亡中位推計」（各年10月1日現在人口）、厚生労働省「人口動態統計」
出所：第１回社会保障審議会年金部会　年金財政における経済前提に関する専門委員会「日本の将来推計人口（平成29年推計）の概要」平成29年7月31日

の２０６０年までに何もしなければ、労働人口はおよそ２０００万人の減少なので、約30％の経済規模の喪失と予想される。国力がほぼ3分の1弱まるので深刻な現象と見なす人は多いであろう。出生率の２・07への回復よりも、女性と高齢者の労働参加率の上昇策の方がより現実味を帯びている。例えば女性の労働参加率をＧ７並みに上げれば、１人当たりＧＤＰは約４％も上昇するだろうと予測されている。これらの成果を念頭におきながら、女性の労働参加率を北欧並みに上げればさらに４％も上がると予想されている。本書では女性に特化して分析、議論する。

女性の労働参加率の推移

高度成長期前後の日本は、夫の収入が伸びたので既婚女性の労働参加率は減少した。すなわち、家事、育児、労働、ときには夫の老親の介護までせねばならない四重苦を避けるため、専業主婦願望が強かったのである。戦前と戦後一時期では女性の労働力はかなり高く、これらの苦痛に耐えていたのであり、逆に「専業主婦は女性の夢」だった。

しかし高度成長期を過ぎて１９７０〜80年代の安定成長期に入ると、女性の教育水準が高くなり女性の賃金も上がったので、女性の勤労意欲が高まり、労働参加率は上昇の一途をたどった。現在では15〜64歳の女性では労働参加率は70％弱にまで上昇している。

とはいえ日本の女性の労働力で特徴的なことは、年齢別に見るとM字型になっていることにある。図1-2は日本、そしてアメリカ、スウェーデン（参考のために他の国も示した）の年齢別参加率を示したものである。アメリカは資本主義国の盟主、スウェーデンは平等志向がとても強い福祉国家の典型として、日本との比較に興味があるのでこの二国に注目した。

この図の解釈に入る前に指摘しておきたい点がある。第1に、驚くべきことに１９６０年代（およそ60年前）ではアメリカやスウェーデンの女性労働参加率は40％前後であり、日本の方が高く、50％を超えていたのである。国際比較の上では日本女性の方が欧米女性よりも昔は働

図1-2　主要国における女性の年齢階級別労働力率

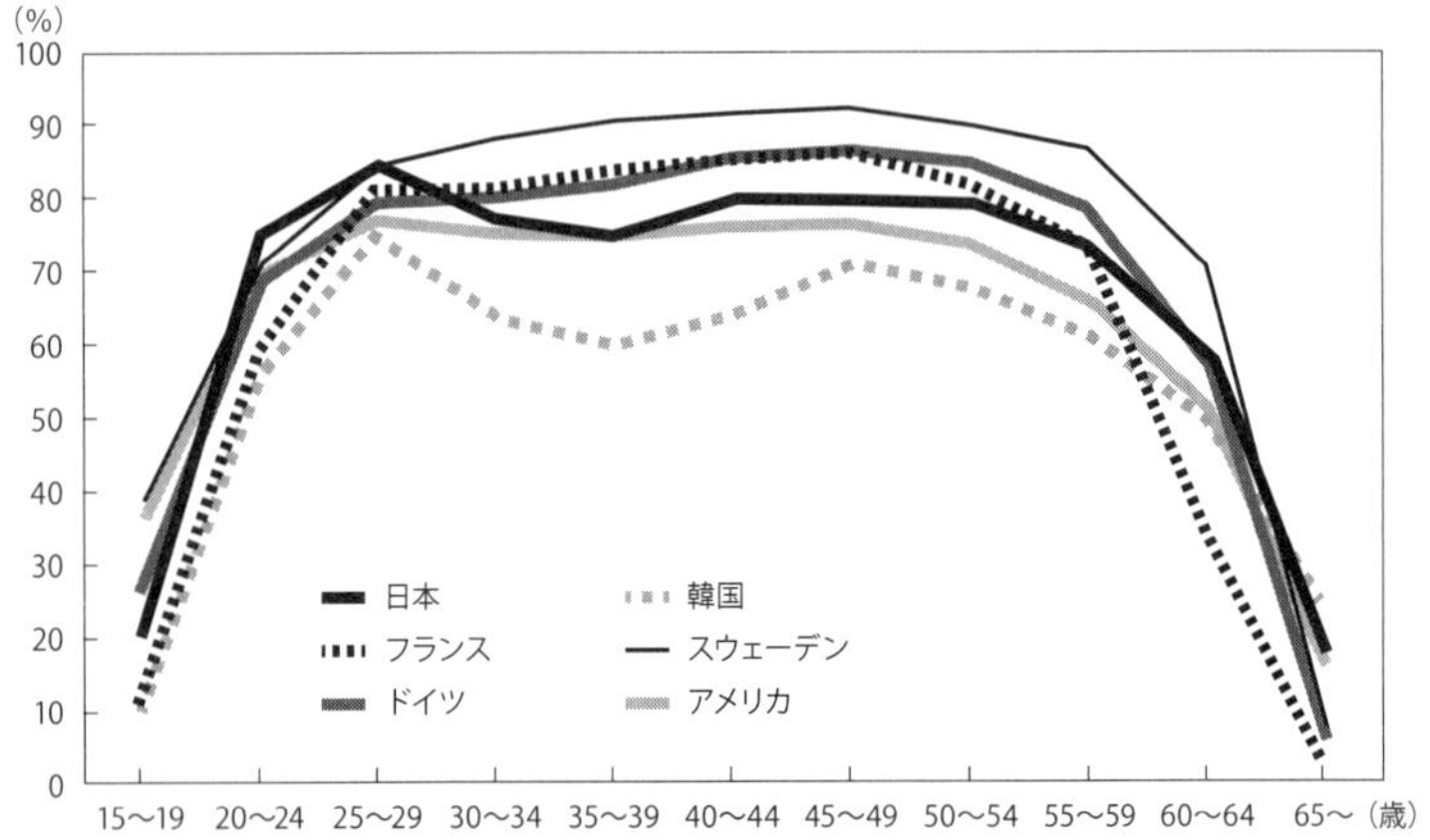

注：1. 日本は総務省「労働力調査（基本集計）」（平成30年）、その他の国はILO "ILOSTAT" より作成。フランス、ドイツ、スウェーデン及びアメリカは平成30（2018）年、韓国は平成29（2017）年の値。
2. 労働力率は、「労働力人口（就業者＋完全失業者）」／「15歳以上人口」× 100。
3. アメリカの15〜19歳の値は、16〜19歳の値。
出所：内閣府男女共同参画局『男女共同参画白書』（令和元年版）、2019年

く確率が高かったのである。これは日本経済が高度成長期の初期でまだ弱く、夫を中心にした家計所得が低かったので独身女性はもとより、既婚女性も働かざるをえなかったのである。

第2に、日本のみならず欧米諸国においては、その後女性の労働参加率は増加を続けた。その増加率はスウェーデンがもっとも高く、次いでアメリカ、日本と続く。欧米諸国において働く女性の増加が見られたのは、主として次の二つの理由がある。まずは、女性のジェンダー意識が高くなって、夫ないし男性に経済的に従属したくないという希望が強くなっ

た。この点においてはまだ日本では非常に弱くしかジェンダー意識が高くならなかったので、労働参加率の増加率が欧米より低かった。次いで、どの国も女性の教育水準が高くなったので、高い資質・技能を活かしたいと思うようになった。

第3に、日本においてもっとも顕著な特徴は、年齢別に労働参加率が異なる点にある。すなわち、若い年代で結婚・出産まではかなり働く人の数は多いが、それらを経験すると一度労働をやめて家に入り、家事・育児に専念する。子育てと子どもの教育が一段落するともう一度働き始める、というパターンが見られる。同じ東アジアの韓国もそうである。これを労働経済学では「M字型カーブ」と称する。スウェーデンではこのパターンはまったく見られず、アメリカやイギリスでは以前にやや見られたが、今ではもう高原型を示している。とはいえ日本においてもM字型のへこんだ部分は徐々になくなりつつあり、欧米型に近づこうとしている。結婚・出産によっても労働をやめない女性の増加である。

女性労働力を増やす策

日本経済での予想されるマイナス成長率を防ぎ、逆に正にするための策として、女性がもっと労働参加すればよい、と主張したが、経済成長率を高めるためには、その他にも政策はいくつかある。それらは女性に関する策もあれば、女性に関するものではない策もある。それらを簡単に述べておこう。

まず女性に関する策から始めよう。第1は、女性労働者にパート労働などの短時間労働者の多いことはよく知られているが、これら短時間労働の女性の労働時間を長くすれば、生産活動への貢献につながるので、経済成長率は確実に上がる。すなわち、パート労働者をフルタイム労働者に転換するとか、パート労働をフルタイムに労働転換しなくとも、パートとしての労働時間を長くする策もありうる。既婚女性の場合には自分から進んでパート労働を選択する人もいるので、全員をフルタイム労働に転換するとか、パート労働時間を長くするような策は困難かもしれない。でもいろいろな策を講ずれば成就は可能である。

なお、フルタイムで働く女性労働者の労働時間を長くする策も考え得るが、これは日本の労働者の長時間労働が欧州諸国と比較して目立つし、日本の中でも働き過ぎを是正するとの社会的合意があるので、この策は考慮外とする。これは女性のみならず、男性のフルタイム労働者にも当てはまる。ただし、フルタイム労働時間（週40時間）を超えて残業することは許されるが、日本はタダ働き残業（通称・サービス残業）の横行する国として悪名高いので、これは避けねばならない。

第2に、女性労働者の数を増やすこと、1人当たりの労働時間を長くすること、という量的な女性労働力の増加策に加えて、1人当たりの労働者の質（労働生産性と理解してよい）を高める策がある。同じ労働時間であっても効率性が高ければ、生産額の増加につながるのは自明である。例えば、①教育水準を高める、②職業訓練を施す、③職場での働き方の効率性を高める、といった策がある。これらの策を具体的にどう実行すればよいかは本書の関心事でもあるので、後に詳しく論じる。ここではこれら三つの策がある、と認識するだけで十分である。

女性労働の増加以外の策もある

日本経済の成長を考えたら、女性労働の増加以外の策も当然あり得る。これらの策は本書の主要関心事ではないので詳しくは論じないが、間接的には関係ある話題なので簡単に触れておこう。

①労働力との関係でいえば、高齢者の活用策がある。日本の高齢者はまだ高い勤労意欲を持っているので、働きたい高齢者に働く場所を用意する策である。日本での問題は、働きたい高齢者に適当な仕事の場が与えられていない点にある。

②女性労働者の質（労働生産性）を高める策は、男性に対しても同様に質の向上策を考えてよいことである。

③技術進歩率の向上が重要である。生産関数 $Y = AF(K, L)$ を想定したとき、一国の経済成長率は、技術進歩（A）、資本（K）、労働（L）のそれぞれの増加率の総和で決まる。これまでは労働（L）に関して女性と男性の増加率を議論してきたが、実は技術進歩（A）と資本

（K）の増加も経済成長率を高める。

まず資本（K）であるが、これは機械設備などの増強、工場や事務所の増設などを含んでおり、投資と考えてよい。投資には資金が必要であることは自明である。どのように資金を調達して、どのように投資するかは重要な論点であるが、それを論じることは本書の目的ではないのでこれ以上言及しない。

技術進歩（A）を高めるためには、まずは機械投資である。機械がうまく機能すれば生産効率が高くなることが期待できる。さらにこの機械をうまく利用できるような労働力の確保が必要である。例を示せば、工場や事務所にコンピューターなりパソコン、あるいはＡＩ（人工知能）が設置されたとき、それをうまく利用できる人材が必要なことは明白である。このためには新しく有能な人を雇用する必要性、あるいは既に働いている人の資質を高めるための職業訓練などが必要である。もとより新しい機械、コンピューター、ＡＩなどには投資も必要である。

こういう学識・技術の高い人への期待が高まっている今日においては、女性の高学歴者でそのような仕事に従事できる人が多く必要である。本書の目的は、このように高い学識・技術を持っている高学歴女性をどのように増加させ、どのように処遇すれば彼女たちの力が発揮できるようになるか、にあると言ってよい。

2 女性の所得と消費が重要

女性の所得総額の上昇

前節で女性の労働参加率の上昇が経済成長に寄与する話題が議論されたが、次の関心は女性の所得である。日本経済において国民総所得のうち、女性の所得分が増加している可能性があり、これも好ましい傾向である。実は国民所得は家計単位で計測されているので、男女の貢献割合（すなわち男性の所得、女性の所得）を把握することはそう容易ではない。そこで所得を構成する項目のうち、もっともウエイトの高い賃金に注目して、賃金総額の男女比を調べてみよう。

１９８０（昭和55）年では、男女計の賃金総額が98兆円であったが、そのうち男性が79兆円、女性が19兆円の賃金総額であり、女性は19・４％しか占めていなかった。そのおよそ30年後の２０１２（平成24）年では総計で１８７兆円、男性が１３７兆円、女性が50兆円になったので、女性の比率は26・７％にまで上昇した。もう一つは、女性と男性の総賃金額同士の比較も意味がある。１９８０（昭和55）年では女性は男性の24％にすぎなかったが、２０１２（平成24）年ではそれが36％にまで上昇した。以上の数字は国税庁『民間給与実態統計調査』から得たものである。

これらの結果を解釈すると、国民所得（ここでは賃金で代表させたが）に男性と女性がどれほど貢献しているかに注目すると、まだウエイトとしては男性の方が高いが、女性の貢献分の上昇率は男性のそれよりもはるかに高い、という事実がわかる。日本経済において、女性の果たす役割は、男性のそれよりもはるかに高い上昇率なのである。やや大胆に言えば、現在では日本経済のうちおよそ4分の1は女性の経済行動によってもたらされているし、その貢献分は男性より増加率が高い。今後もこの傾向が続くであろうから、女性への期待は大である。

なぜこの傾向が続いたかを問えば、まず第1に、前節で論じた女性の労働参加率の上昇がある。第2に、女性の賃金の上昇率が男性のそれよりも高いということがある。男性の賃金率を1・00としたとき、女性の賃金率は１９８９（平成元）年は０・６０２であったが、２０１７（平成29）年では０・７３４にまで上昇しており、女性の賃金上昇率の方が男性のそれよりも高かったのである。この数字は厚生労働省『賃金構造基本統計調査』からのものである。

この数字はフルタイム労働者に関するものであることに注意されたい。フルタイム労働者に関する限り、男女間賃金格差は縮小しており、女性差別は弱まっていることは確実である。女性労働者の資質の向上がこれを説明する要因の一つである。

留意せねばならないことは、女性にはパート、派遣、雇用期間付き採用といった非正規労働者が多いことはよく知られている。しかもこれら非正規労働者の時間あたり賃金は正規労働者と比較してかなり低く設定されている。これらの非正規労働者を含めた全労働者で男女間賃金格差を見れば、格差の縮小という現象はまだ起こっていない。

まずは正規・非正規という身分上の差によって賃金に格差のある現状を是正せねばならない。同一価値労働・同一賃金の原則というのは、是正策として一つの有効な策である。さらに前節において、女性労働をパートタイムからフルタイムの労働への変換を主張したので、もしこの政策が成功すれば、女性の賃金率はフルタイム労働の値に近くなるので、賃金のさらなる上昇に期待できる。すなわち、女性のパート労働をフルタイム労働に変換することは、女性の経済活動をさらに上昇させるのに役立つのである。

消費の増加に寄与

女性の所得（賃金）増加はわかったが、これが経済活性化にどう貢献するのかを分析するには、所得をどう使うかも焦点となる。一般には所得は消費と貯蓄に配分されるが、消費は貯蓄よりも多額であるし、有効需要として計上され、次期の所得の源泉となる。貯蓄も金融機関を通じて投資資金として用いられれば、次期以降の生産能力向上の源泉となりうる。しかしこれは長期効果にすぎず、短期効果としては消費が有効需要の一つとして、景気あるいは経済成長率を高めるのに役立つ。そこで政府はいつも消費の喚起策を考えているのである。

消費の喚起策の成功を予想するには、消費性向の高いときほど効果が高い。消費性向とは、所得のうち何%を消費にまわすかという比率と考えてよい。ここでの関心は、男性と女性とでどちらが消費性向が高いかである。この問いは概念としては何も問題ないが、計測となるといくつか問題が生じる。

それは国民経済計算では、消費は家計消費（すなわち数人からなる家庭での消費）として計上されるので、男女別（あるいは夫と妻の別々）の消費性向はなかなか統計として計測しにくいのである。代表的には、夫と妻そして子ども何人か、という家計としての所得が考えられ、その所得の何%を消費にまわすかという家計単位の消費性向が一般的なので、男女別の計測はこういう家計においては困難なのである。しかも夫婦の場合には、共働き夫婦と片働き夫婦がいるので、男女別の計測はより困難である。

とはいえ、二つの解決策がある。一つは、既婚家計ではない、1人で住む単身家計に注目すれば、男女別の消費性向を知ることができる。二つは、既婚家計であっても、夫と妻のどちらがより率先して家計消費を決めているかを知れば、ある程度の予想はできる。もし妻が決めていれば、既婚家計であっても消費は女性が握っていると見なせるし、逆に夫であれば男性が決めていると見なせる。もとよりこの方法には誤差が必ず伴う。

まず第一の側面から調べてみよう。総務省の『全国消費実態調査』は標本を複数世帯人数の家計と単身家計に区別しているので、単身家計を調べることによって、男女別の消費性向がわかる。単身家計の場合、世帯主が男性か女性だからである。ここでは2014（平成26）年の数字を見てみよう。

単身家計のうち勤労世帯に注目すると、男性の限界消費性向は65・8％、女性は88・8％であり、女性の方がかなり高い。しかし消費支出額で見ると男性が18万1492円、女性が18万5552円であり、女性が少し多額であるにすぎない。月間消費絶対額で見るか、消費性向という比率で見るかの違いはあるが、この差は男女の可処分所得の差をも反映している。すなわち、男性の月間可処分所得が27万5985円であるのに対して、女性のそれは20万8996円なので、低い所得の女性はある程度の消費額を確保するには、高い割合を消費にまわさねばならないのである。以上の議論は男性も女性も平均所得と平均消費に関するものであった。

しかし、所得が男女で同一であれば、姿はかなり変化する。図1‐3は、所得階級別に単身男女の消費性向を示したものである。この図はごく最近の数字ではなく、2009（平成21）年のものであるが、『全国消費実態調査』という同じデータ・ソースなので、先程との比較に際してほとんど問題はない。

この図によると、すべての所得階級において単身女性の消費性向が男性のそれよりも高いことがわかる。これは何を意味しているかといえば、男女の所得が同じであれば、女性は男性よ

図1-3　単身男女の所得階級別所得と消費性向

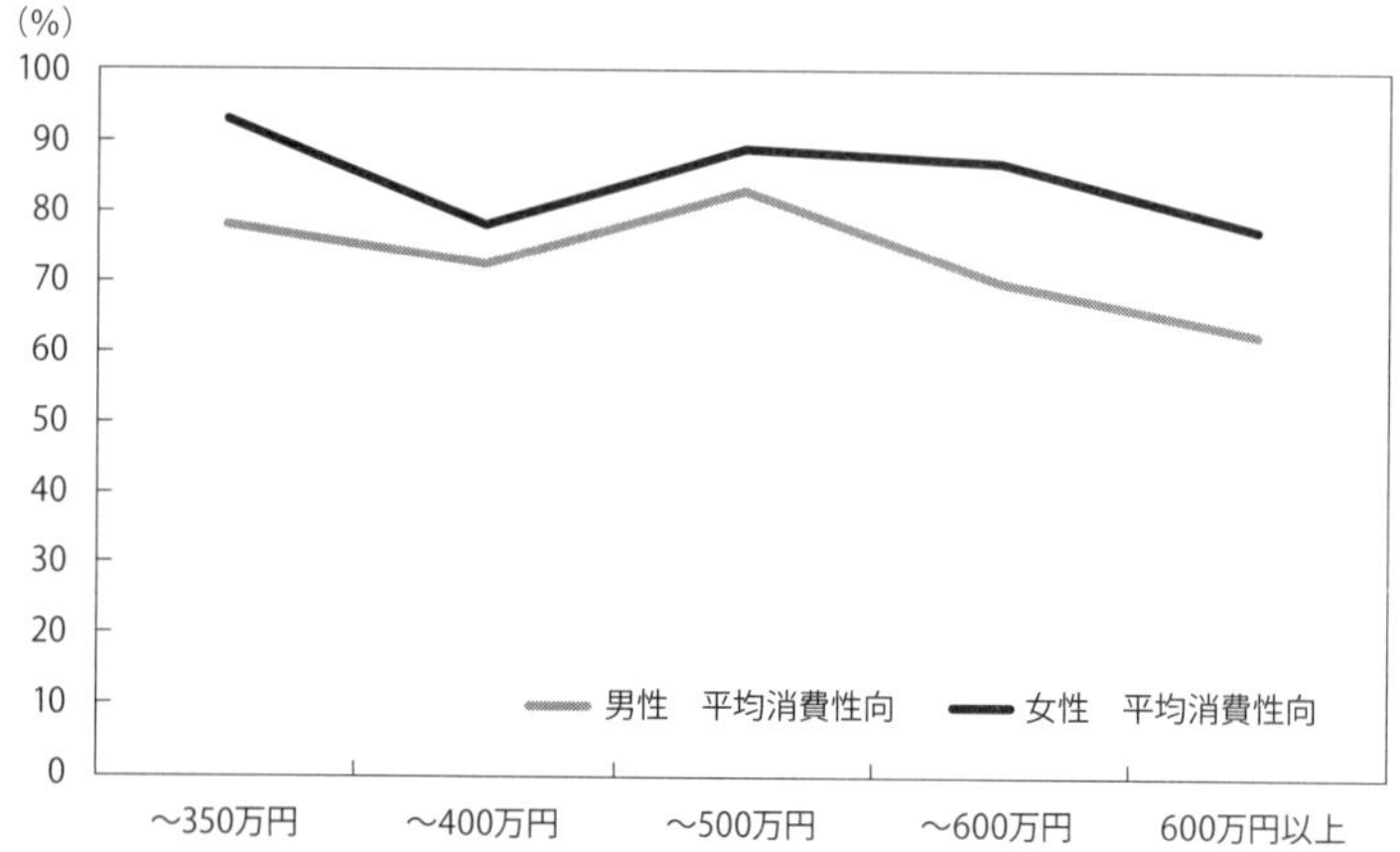

出所：総務省『全国消費実態調査』平成21年　EY総合研究所HP

りも消費性向が高いということである。

先程の数字は平均所得と平均消費だったので、女性の所得が男性の所得より低かったのであり、それが消費性向は男性より女性の方がかなり高く、消費額は少しだけ高いという現象を生んでいた。ところがこの図は所得額が男女で同一評価なので、説得力がかなり高く、女性の消費性向の方が男性よりかなり高いと結論付けられる。

なぜ女性が男性よりも消費意欲が強いのであろうか。それはいろいろな消費項目に関して、どれほどお金をかけたいかを示した図1-4を見ることによって、かなり明確にわかる。この図によると、女性が男性よりも消費に関心の強い項目は、旅行、趣味、外食、衣料・バッグ・

図1-4　年収700万円以上の男女の現在お金をかけている項目・今後お金をかけたい項目

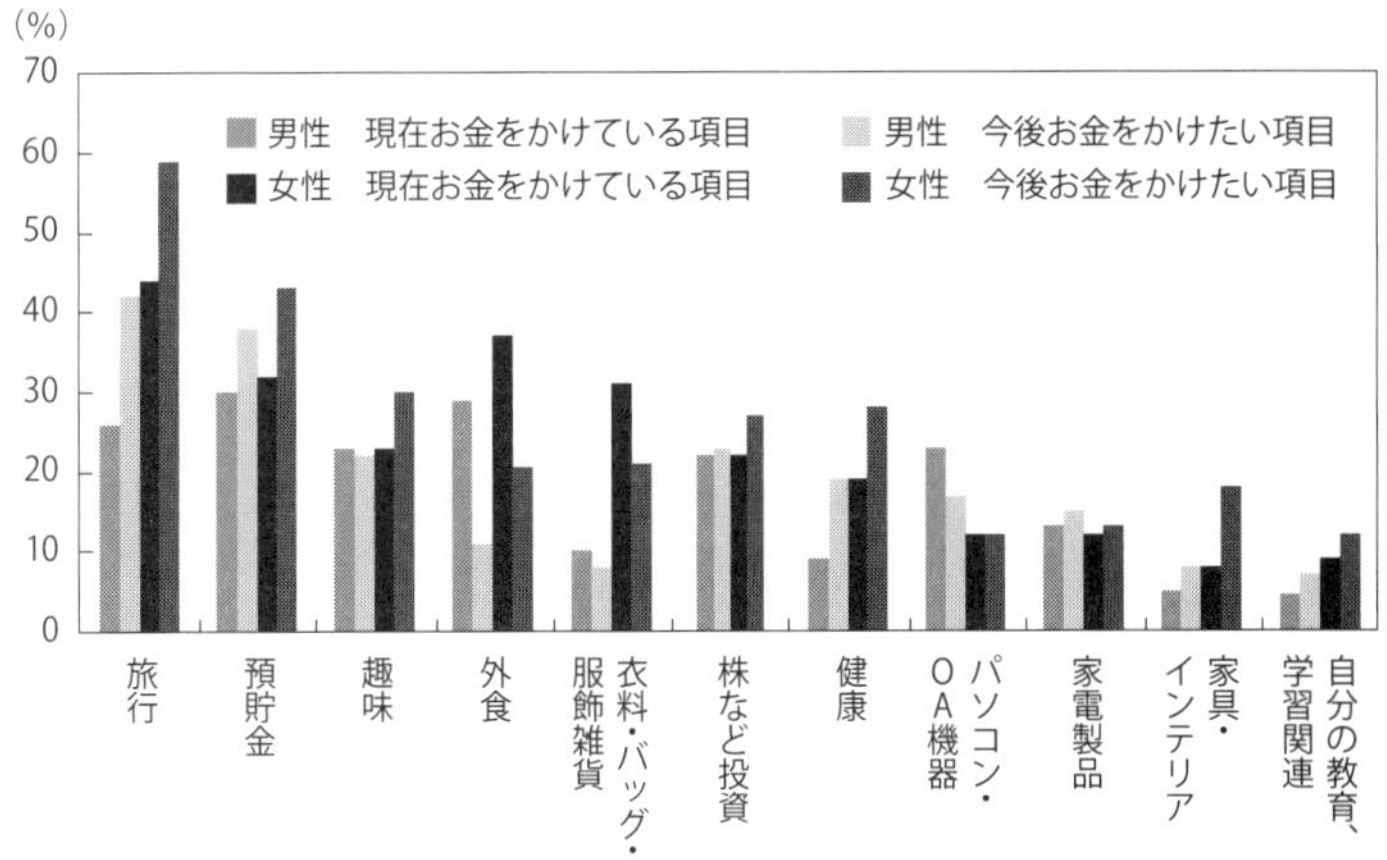

出所：公益社団法人　日本経済研究センター「消費と貯蓄に関するアンケート調査」(2007年11月27日～12月3日実施）からEY総合研究所作成

服飾雑貨、家具・インテリアなどである。すなわち外食や旅行で生活を楽しんだり、自分を着飾ったりすることへの欲望が女性に強く、簡単に言えば日頃の消費生活を満喫したい希望が強いのである。一方で、預貯金や株などの貯蓄・投資も女性が関心強く、これは資産運用に熱心であることを示しており、将来の消費増に備える気があると解釈できる。逆に男性が女性よりも消費意欲の強い項目は、パソコン・OA機器だけであり、消費項目のほとんどにおいて女性の方が男性よりも強い。正に女性は日々の生活を楽しむための消費意欲が強いのである。

　以上は単身の男女別の消費行動を知ることによって得られた女性の消費意欲の強さであるが、夫婦においてはどうかをも類推しておこう。世帯人員が複数の家計において、夫と妻が個別にどれほどの消費を何の項目について行っているかを知るのは不可能である。おそらくどこにもそういう統計はないであろう。日本の統計において（2人以上の世帯）としてしか計上されておらず、夫と妻の別々の消費行動の統計はない。

とはいえ、間接的にそれを類推できる資料はある。それは図1‐5と図1‐6で示されるように、家計管理を妻が行っている家計が70％を超えているし、主たる製品項目（電子レンジ、洗濯乾燥機、自動車、ノートパソコンなど）の購入決定に際して、夫よりも妻に決定権があるとしている夫婦が過半数を超えている。特に家事に関する製品については80％を超えており、まだ家事を妻に依存する程度の高い日本では、至極当然の結果である。

夫婦の消費を夫と妻の個別に、その項目と額を数字で把握できないが、家計を誰が管理し、かつ主要製品の購入決定を誰が行っているかを調べると、これは圧倒的に妻であった。家計消費の鍵を握っているのは妻なのであり、ここでも女性が消費の決定権を握っていると見なせる。

図1-5　家計管理の主体

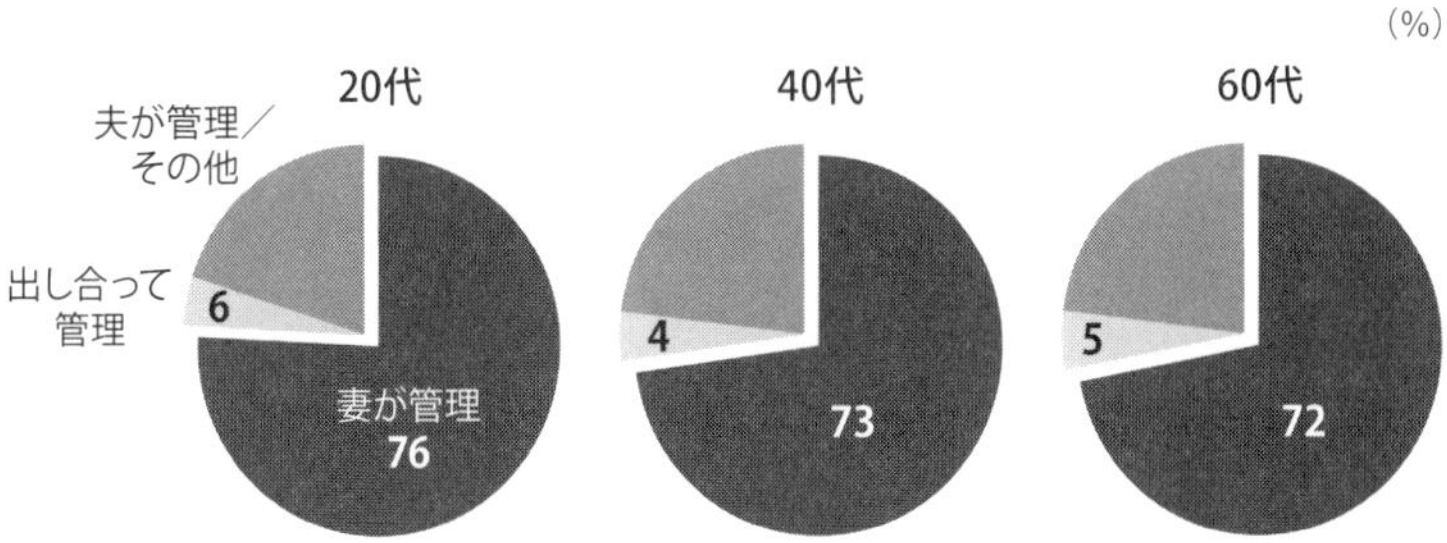

注：既婚女性の回答結果。
出所：三菱総合研究所・生活者市場予測システム（MIF）

図1-6　耐久財の購入に妻に決定権があるとする割合

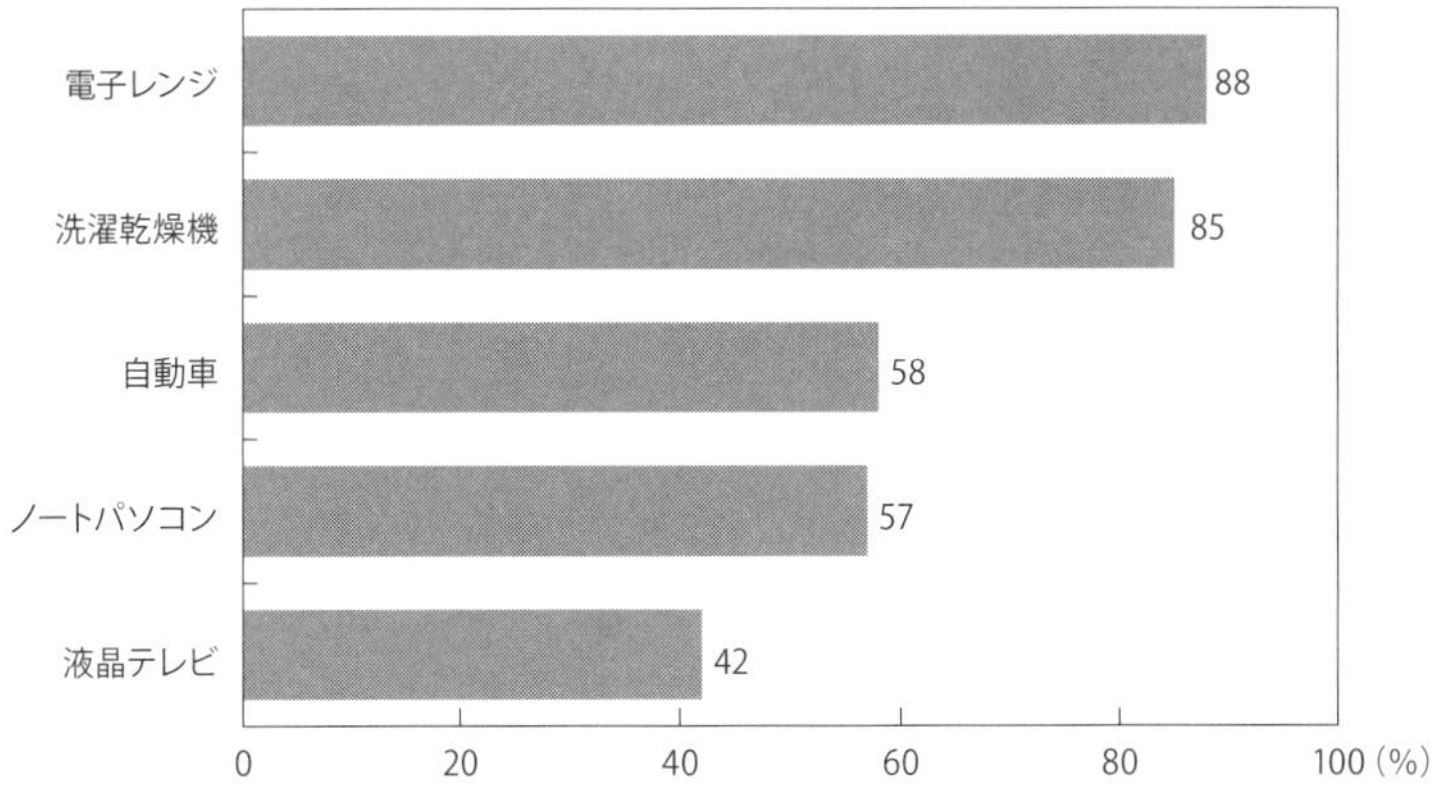

注：各商品の購入意向者を対象。既婚者のみで集計。
出所：三菱総合研究所・生活者市場予測システム（MIF）

第2章

既婚女性の労働は幸福か

1

働くことは幸福か

第1章では、少子高齢化時代に入り、労働力不足に悩む日本経済に活力を注ぐ（すなわち経済成長を促す）ためには、女性、特に既婚女性がもっと働いて所得を稼ぎ、消費を増やす策が期待されるとした。

では既婚女性にもっと働いてもらうには、どのような政策が望ましいかが次の課題となるが、それを論じる前に知っておきたいことがある。既婚女性がもっと働くということが、彼女たちの生活満足度（幸福と考えてもよい）を高めるかどうかを検証しておきたい。満足しているなら問題ないが、もし満足していないなら「働いてほしい」と期待してもそう簡単に働かないかもしれない。それを防ぐ政策を考えなければならない。

日本人全体が働くことによる満足が低下している

既婚女性が働くことに満足しているかどうかを論じる前に、日本人自身が全体として働くことに満足しているかどうかを検証しておきたい。

図2-1は、日本人がどのような活動に満足感を感じているかを、項目別に見たものである。なお過去との比較をするために、ここ二十数年の結果も示している。

第1に、もっとも満足感を得ている人の割合が高い活動は、「家族団らんの時」である。これはここ30年以上にわたって第1位を保持しているし、他の活動をかなり離しての比率の高さである。しかし橘木（2011）が示したように、日本においては家族をつくらない人（すなわち結婚しない人）、あるいは家族がいなくなって（死亡や離婚）、いわば単身者の増加が進行中である。これら単身者は家族との団らんを持てない人と判断してよい。これら単身者はこの回答に応じられていないことに留意したい。

衝撃的な事実が明らかになった。2019（平成31）年の1月に、NHK放送文化研究所が国民アンケートを公表して、回答者の68％が「人間は必ずしも結婚する必要はない」という意見に賛成するようになった。これだけの人全員が結婚しない人とまでは速断できないが、今後生涯未婚の人が増加すると予想できる証拠の一つである。これは「家族との団らん」を重視する人の減少につながるかもしれない。

第2に、家族の団らんよりやや下位にあるが、比較的高い比率を示す満足感は、「ゆったりと休養している時」「趣味やスポーツに熱中している時」「友人や知人と会合、雑談している時」である。「ゆったりと休養している時」の意味をここで考えておこう。この活動は働く（あるいは仕事をする）時間以外の自由な時間を意味し、勤労から解放されることに満足感（幸福感）

図2-1　生活で充実感を感じる時（複数回答）

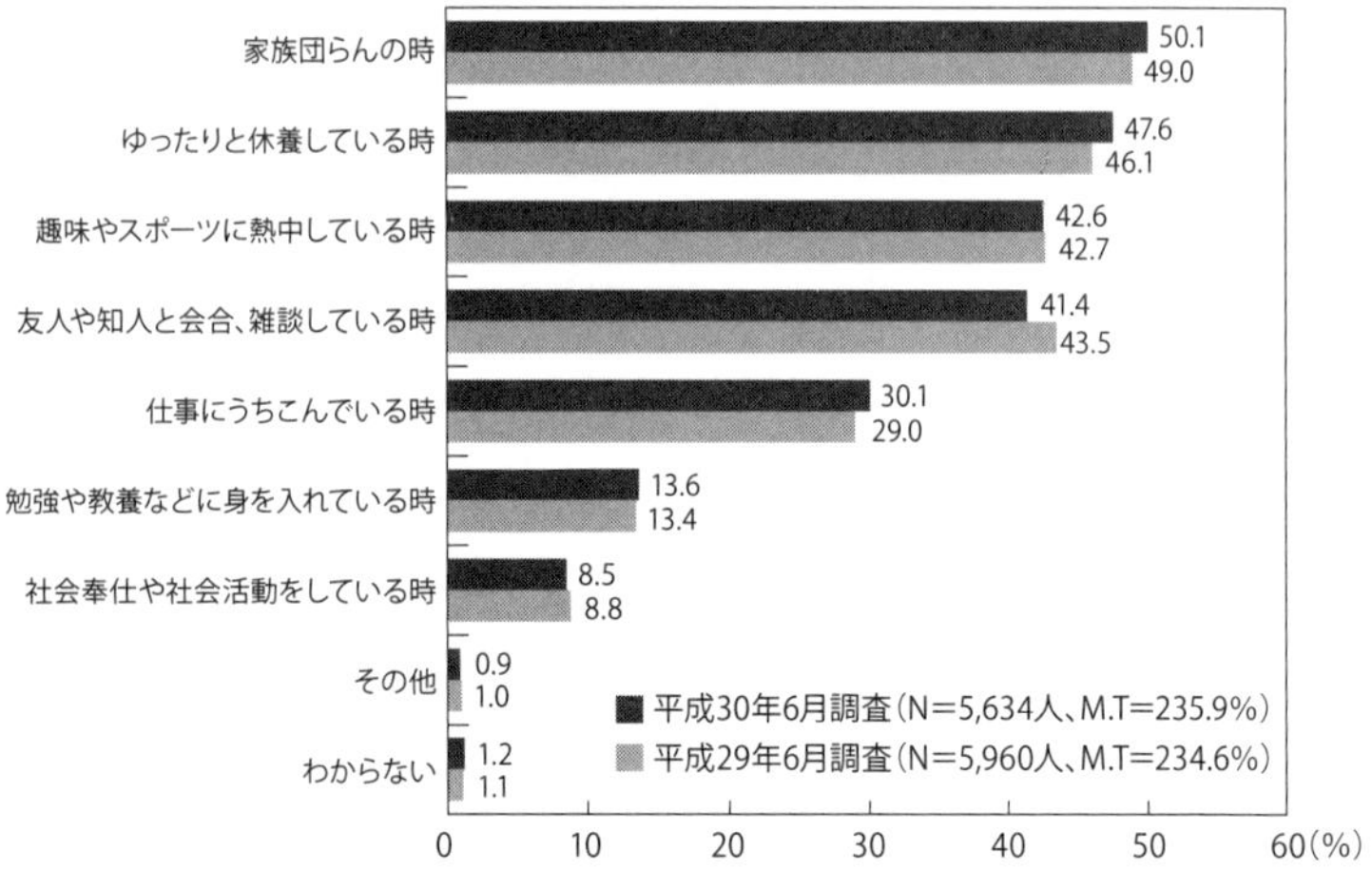

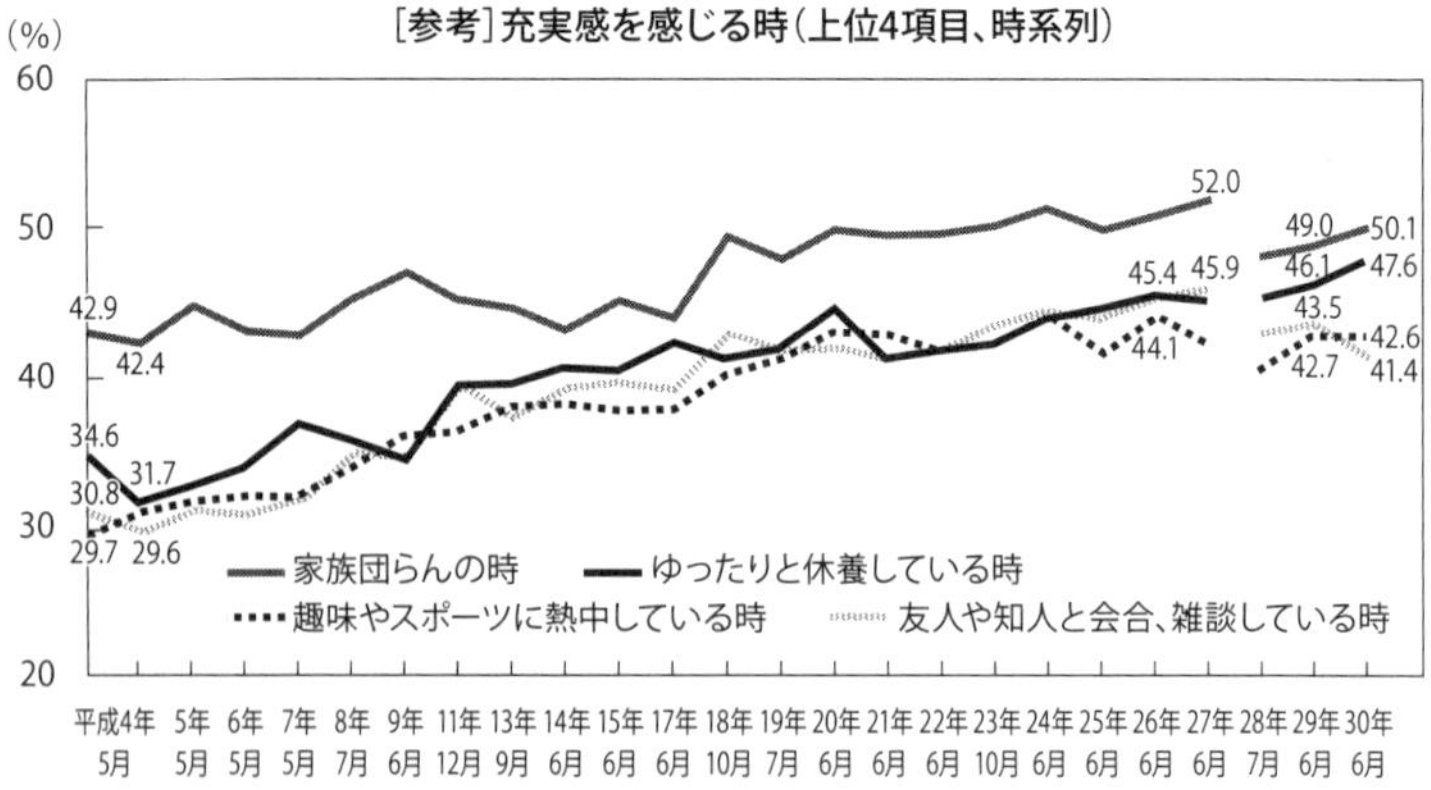

注：平成27年6月調査までは、20歳以上の者を対象として実施。平成28年7月調査から18歳以上の者を対象として実施。
出所：「国民生活に関する世論調査」の概要、2018年

を抱いていることを、間接的に意味している。すなわち、どうも働く（仕事をする）ことに対する満足感は薄いかもしれないことを予想させる。しかしこれだけでは働く（仕事をする）ことの満足感を全面的に評価することは不可能である。

「家族との団らん」と回答できない人は、この第2の満足感に賛意を示す可能性がある。第3に、「仕事にうちこんでいる時」に注目すると、その比率は30％ほどであり、上位四つの活動より、かなり低い数字であることがわかる。「勉強や教養」活動、あるいは「社会奉仕や社会活動をしている時」よりは高い数字ではあるが、むしろ第5位の低さにあることを重視する。

仕事以外のことをしているときの方が幸福

このことは、第2で述べた「ゆったりと休養している時」に満足感を抱く人の比率の高さを同時に考慮すると、「仕事にうちこんでいる時」に満足感（幸福感）を抱く人の割合は、少ないのではないかと結論づけられる。働きバチの日本人、勤労意欲の高い日本人、という印象がこれまでは強かったが、たとえ長時間労働にコミットしている日本人であっても、今や働くことや仕事をしていることに満足感はさほどない、という時代となっている。やや極論すれば、働くことや仕事をすることは食べるためにしているのであり、そこからの満足感はさほどない、と日本人は判断する時代になっている。あるいは、働くことや仕事をすること以外のことをしているときの方が、生活に満足感（幸福感）を覚えているのである。

この事実をどう評価したらよいであろうか。労働、あるいは仕事は苦痛を伴うことなので、苦痛を感じるということは充実を感じないということにつながるのである。近代経済学は「労働は苦痛である」との考え方を積極的に支持して理論体系を作っているので、日本人は近代経済学の思想に共鳴しているともいえる。苦痛はあるが、食べるために働くのだ、と正直に回答しているのである。

幸か不幸か、マルクス経済学も近代経済学も、「働かざるものは食うべからず」は支持されているし、人々もこのことはわかっている。内閣府の「国民生活に関する世論調査」によると、なんのために働いているのかの問いに対して、圧倒的に一番高い回答は、「お金を得るために働く」の53・9％であり、第2位の「社会の一員として、務めを果たすために働く」の14・3％を4倍程度も大きく引き離している。人は食べるため、生きるために働いているのが現状なのである。

2 既婚女性の労働への満足度はどうか

共働きは幸福か

日本人全体としては、働くこと（あるいは仕事）への満足度が低くなっている、あるいは働くのは「食べる」ためであると考えていることがわかったが、では既婚女性はどうかという点に注目してみよう。独身の女性は、一部の裕福な親と一緒に住んでいる人を除いて、食べるために働かざるをえないので、既婚女性とは異なる判断をするだろう。ところが既婚女性は夫が十分な所得を得ていれば、無理して働かなくてもよい環境にいるので、働くということに対する感情なり判断には、いろいろなものがあってよい。これを調べるのがここでの目的である。

これに関しては橘木・髙松（２０１８）で詳細な分析を行ったので、その結果をここで簡単に要約したい。発想は、夫と妻がともに働けば家事・育児の負担が妻に過重にかかるか、夫もそれに協力する可能性が考えられ、夫も妻も生活満足度が低下するかもしれないという点である。女性には専業主婦という選択肢があったし、今でもあるが、「夫は外で仕事に特化し、妻は家庭で家事と育児に特化」という性別役割分担の方が、かえって夫も妻も満足度が高い可能性がある。もとより、「夫も妻も外で働き、夫と妻が家事・育児を共同で行う」という選択肢もあったし（今でもある）、かえってこれに高い生活満足度を感じる夫婦がいる可能性もある。現実には生活満足度はどうなのであろうか、というのがここでの関心である。

本論に入る前に、既婚女性に関して、就労、生活満足度（幸福度）をどう思っているのか、これまでわかっていることを簡単に知っておこう。これは、既婚女性が働いたときの生活満足度を考えるときに役立つであろう。

まず第1に、何割ほどの既婚女性が働いているかを確認しておこう。図2-2は1980（昭和55）年から現代まで、夫が被雇用者（つまり自営業者ではない）における妻の就業状況を示したものである。1980年代では夫は働くが妻は無業（すなわち専業主婦）の組み合わせが共働き夫婦の2倍弱もいたが、その比率は徐々に減少し、1995（平成7）年前後には同数となった。その後共働き夫婦の数が増加し、逆に片働き夫婦の数が減少してその比率は逆転し、今は2倍弱になっている。すなわち現代では共働き夫婦が多数派で片働き夫婦は少数派であり、共働き夫婦の生活満足度（幸福度）を考察する価値は高い。

なぜ既婚女性の労働参加率が高くなったのか、前章でも少し議論したが、ここでごく簡単に箇条書きにまとめて述べておこう。

（1）フェミニズム運動などの声もあって、妻が夫に従属しないためには、自分が働いて経

図2-2　共働き等世帯数の推移

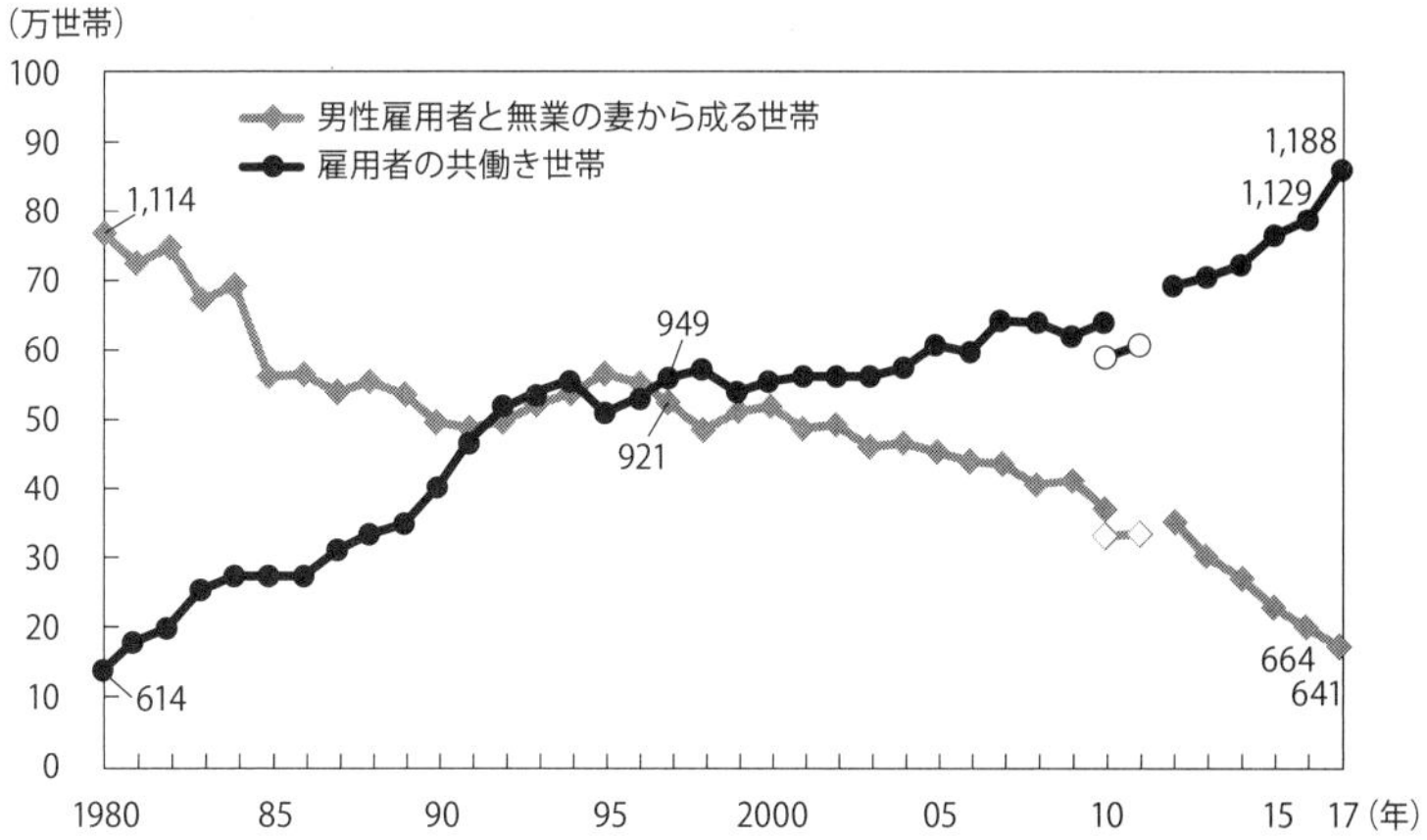

注：1. 1980年から2001年までは総務庁「労働力調査特別調査」（各年2月。ただし、1980年から82年は各年3月)、2002年以降は総務省「労働力調査（詳細集計)」より作成。「労働力調査特別調査」と「労働力調査（詳細集計)」とでは、調査方法、調査月等が相違することから、時系列比較には注意を要する。

2. 「男性雇用者と無業の妻から成る世帯」とは、夫が非農林業雇用者で、妻が非就業者（非労働力人口及び完全失業者）の世帯。

3. 「雇用者の共働き世帯」とは、夫婦共に非農林業雇用者（非正規の職員・従業員を含む）の世帯。

4. 2010年及び11年の値（白抜き表示）は、岩手県、宮城県及び福島県を除く全国の結果。

済的に自立したいと思うようになった。
(2)女性の教育水準が高まったので、自分の資質を労働で活かしたい希望が強まった。
(3)サービス産業化の進行により、男性のような強い肉体を必要とせず、女性にふさわしい仕事の増加があった。
(4)1990年代に始まった長期の大不況により、賃金なり所得の下降が見られたので、家計所得の低下を補うべく、いくらかの所得でも稼ぎたいがために妻の働きたい意欲を高めた。
(5)大不況を乗り越えるべく企業は労働費用の削減策を採用したが、その一つの策がパートなどの非正規労働者の数を増やす案であり、それを望む既婚女性の数は多かったので、うまく需給が一致した。

第2に、結婚は、女性・男性を問わず生活満足度や幸福度を高める事実は多くの国で見られる現象であり、日本も例外ではない。しかし離婚を迎える夫婦もいるわけで、離婚は一時的に幸福度を低下させる。しかし時の経過とともに元の水準に戻る人がかなりいる。

夫婦に関して山口(2006)は興味ある事実を見つけた。すなわち、配偶者という夫の所得が高く、自分の家事負担が少なく、配偶者との情緒的関係が良好であればあるほど、既婚女性の結婚満足度が高いのである。この事実は、もし妻だけが働くことと家事の両方を行っている夫婦に関しては、夫の生活満足度は高いだろうが、妻のそれは低くなるだろう、との想像を可能にする。この想像は後に再述する。

第3に、既婚女性の就業を決める重要な変数として、日本においては末子の年齢がある。末子の年齢が非常に若いとき（例えば3歳以下）には働かない確率が高い。これは日本と欧米諸国との比較をすれば一目瞭然であり、欧米ではあまり関係ない一方、幼児の存在が日本の既婚女性の労働に与える影響力は強いのである。

働けば働くほど幸福度が下がる既婚女性

以上をわかった上で、橘木・高松（2018）の分析結果を要約しておこう。東京大学社会科学研究所の『働き方とライフスタイルの変化に関する全国調査』のパネルデータを用いた分析である。パネルデータとは同一人物を数年間にわたって情報を収集したもので、データの信頼性では1年限りのデータよりも情報が豊富というメリットがあるが、分析手法はやや複雑になる。分析手法に関してはここでは論じない。

表2－1が推計結果を男女別に示したものである。被説明変数は男女ともに生活満足度であり、この表にはいくつかの説明変数が書かれている。ここで本書との関係で重要な説明変数は、本人家計負担率と三つの配偶者との関係変数（食事、洗濯、会話）である。本人家計負担率とは、夫婦共働きの場合に、家計所得の総計のうち夫ないし妻の所得の占める比率のことを

表2-1　生活満足度を従属変数とするパネルデータ分析

		女性		男性	
		係数	標準誤差	係数	標準誤差
本人職業	専門管理（正規）	−0.18	.352	0.18**	.059
基準：生産（正規）	事務（正規）	−0.04	.348	0.07	.066
	販売サービス（正規）	0.48	.356	−0.03	.063
	非正規	−0.03	.338	−0.20*	.098
	自営業	−0.22	.361	−0.16†	.083
	無職	−0.04	.340	−0.32†	.172
結婚期間		−0.03	.018	−0.01*	.005
同居子ありダミー		−0.14	.203	0.07	.044
配偶者無職ダミー		−0.01†	.082	0.04	.058
配偶者食事の準備頻度		0.00	.003	0.00	.003
配偶者洗濯頻度		0.01	.003	0.01**	.003
配偶者会話頻度		0.01**	.003	0.02**	.003
世帯所得（万円）/1000		0.28**	.094	0.29**	.067
本人家計負担率		−0.36*	.151	0.03	.107
調査時期　第1波		0.14**	.040	0.11**	.035
基準　第5波　第3波		0.20**	.069	0.12**	.038
切片		3.64	.381	2.63**	.144
級内相関係数		0.65		0.50	
観測数		2.689		2.098	
グループ数		1.293		1.063	

注：**:p＜0.01, *:p＜0.05, †:p＜0.10　*印の数が多いほど統計的優位性が高く、†印は優位性の低いことを示している。
出所：橘木・高松（2018）

意味している。すなわち家計所得に占める自己の貢献比率である。この比率が上がれば、夫ないし妻の働く密度（すなわち所得）が増加することを意味する。三つの変数は、配偶者が家事（食事と洗濯）にどれだけ寄与しているかと、夫婦の会話の密度である。

分析結果から得られた結論をまとめてみよう。第1に、既婚女性に関しては、本人の家計負担率が高くなる（すなわち本人がもっと働く）と、本人の生活満足度が低下するのである。すなわち自分が働けば働くほど家計所得は増加すれど生活満足度（幸福度）は下がるのが、既婚女性で働く人の気持ちなのである。一方で既婚男性に関しては、本人がもっと働いて所得が増加しても、生活満足度には影響を与えない。女性と男性とでは自分がもっと働くことの効果に関して、異なる評価をしているとの発見は興味深い。

第2に、共働き夫婦において、配偶者の家事支援の効果はどうであろうか。夫が洗濯の手伝いをすれば妻は生活満足度は上がるが、食事の準備は何も影響はなかった。一方、妻が食事や洗濯をする効果は何もなかった。これは夫はそれらは妻がするものと思い込んでいるので、生活満足度への影響はなかったと見なせるであろう。

第3に、配偶者間の会話密度の増加は、夫も妻も生活満足度（幸福度）を高めていることがわかったので、夫婦生活、ないし結婚生活円満の秘訣は会話の時間を長く、かつ濃密に行うべし、ということになろうか。

以上、本書との関連でいえば、共働きの既婚女性は自分が働けば働くほど、自己の生活満足度が低下するが、夫に関してはそれがないということになる。既婚女性に関するこの事実は、後の章でも大きく取り上げる話題である。

第3章

総合職・一般職・専門職は何が違うのか

1 コース別雇用管理制度

コース別雇用管理制度の推移

コース別雇用管理制度とは、企業における正社員をいろいろな種類に分別して、働き方やキャリアの進め方を多様化した人事政策である。現代では、総合職、一般職、準総合職、地域限定総合職、基幹職など様々な種類があるが、歴史的に言えば元は総合職と一般職の二つが出発点である。なお基幹職はコース別雇用管理制度を採用していない企業での総合職と同様と見なしてよく、企業によって呼び名が異なるだけと理解してよい。

この文章からわかるように、実は企業によってコース別雇用管理制度を導入していない企業が存在し、なぜ企業はコース別雇用管理制度を導入するのか、しないのかを理解することの意味を問うているのである。

コース別雇用管理制度は、１９８５（昭和60）年に施行された「男女雇用機会均等法」に対応するために、一部の企業がその時期あたりに導入をし始めた制度である。この法律では、男女によって採用や昇進、あるいは賃金などの処遇に差別があってはならないという原則が宣言されたが、監視や罰則がゆるく、それほど効果の見られない法律であった。

しかし企業はこの法律に対応している姿を見せるために、総合職と一般職という仕事をする上での身分上の区別を設けたのであった。法律の施行以前においても、総合職とか一般職という名称は用いられていなかったが、基幹的な仕事（仕事の企画立案、実務の施行、研究開発など）をする人と、補助的な仕事（すなわち定型的な業務や基幹的な仕事をする人の補助的な業務）をする人という区別は、明らかに存在していたのである。そして前者は男性、後者は女性が主として担当というのも定着していたのである。

そこに女性の採用時において差別扱いをしてはならないという均等法の導入により、前者の仕事を総合職と名付け、女性にも門戸を開ける方針を宣言して、男女を均等に扱う姿を見せようとしたのである。制度の裏では、後者の仕事を一般職と明確に称して、仕事上の区別をしたのである。これまでは女性が従事していたところに、男性も一般職に就いてもよい、との含意はあった。

すなわち基幹的な業務を男性がやっていたところに、それに該当する人々を総合職と呼ぶコースを設けて、このコースにも女性を採用し、そして働いている姿が明確になれば、均等法にのっとって女性差別をしていないと対外的に示すことが期待できる。さらに、これまでは女性のやっていた補助的で定型的な仕事を一般職と称して、男性に門戸を開ける方針を掲げて、男女が均等に処遇される姿を示したのである。

もっともここに落とし穴が一つあった。企業内では部署や職場を移るのは日常茶飯事であるが、住居の変更を伴う異動（それを転勤と呼ぶ）を拒否できないのが総合職となった。あらかじめ転勤を前提としないのが一般職、という区別をかなり明確に規定している企業、あるいは暗黙の了解が労使にあるケースが多くなった。この転勤の件は後に述べることであるが、女性の働き方に大きな影響力をもたらしたのである。すなわち既婚女性が転勤に応じるというのはなかなか困難だからである。

コース別雇用管理制度に関して重要な事実は、企業規模によってその導入比率がかなり異なる点にある。表3－1は制度の導入前後の頃から現在までの企業規模別に見た制度の導入比率である。この表からわかる点は次のようなものである。

第1に、当初はどうしても制度の導入比率は低く、全体では2・9％、5000人以上の巨大企業でも42・3％であったが、その後増加の傾向を示し、全体で11・0％、5000人以上で50・5％となった。

第2に、企業規模の大小によって導入比率は相当に異なる。5000人以上では50％前後の高さであるが、企業規模が小さくなるにつれて、比率は低下する。1000～4999人では当初は20～30％台であったが、今では40％台に増加しているので、5000人以上と1000～4999人の比率はそう差がない。日本企業ではコース別雇用管理制度は1000人以上の

表3-1　コース別雇用管理制度導入企業割合

年	企業規模計	5000人以上	1000～4999人	300～999人	100～299人	30～99人	10～29人
1989	2.9	42.3	25.3	11.4	4.3	0.9	—
1992	3.8	49.3	33.1	15.8	5.1	1.4	—
1995	4.7	52.0	34.3	20.5	6.6	1.6	—
1998	7.0	53.0	41.1	25.5	10.2	3.2	—
2000	7.1	51.9	39.9	22.7	10.7	3.5	—
2003	9.5	46.7	38.1	23.6	13.7	5.9	—
2006	11.1	55.0	43.6	30.0	17.0	6.3	—
2010	11.6	49.2	45.9	26.1	16.4	8.6	4.1
2012	11.2	46.8	44.5	31.7	17.5	7.5	4.2
2016	11.0	50.5	45.3	27.1	14.6	7.6	5.0

注：企業規模計は、常用労働者30人以上の企業。
資料：厚生労働省「女性雇用管理基本調査」「雇用均等基本調査」
出所：脇坂（2018）からの引用

大企業に特有な制度とみなしてよい。逆に300人未満の中小企業ではせいぜい10%台から一ケタ台なので、ごく少数の企業にしか見られないのである。中小企業においては、従業員を基幹型と補助型に区別できるほどの数はおらず、ほとんどの社員が双方の仕事をこなしていると解釈できる。逆に言えば、大企業においては非常に種類の多い仕事が存在しているし、さらに仕事の困難さも様々なので、個々の従業員が特定の仕事に特化した方が組織を効率的に運営できる。すなわち生産性が高まるので、従業員の数が多いこともあってそのような特化が可能なのである。

図3-1　コース別雇用形態の組み合わせ

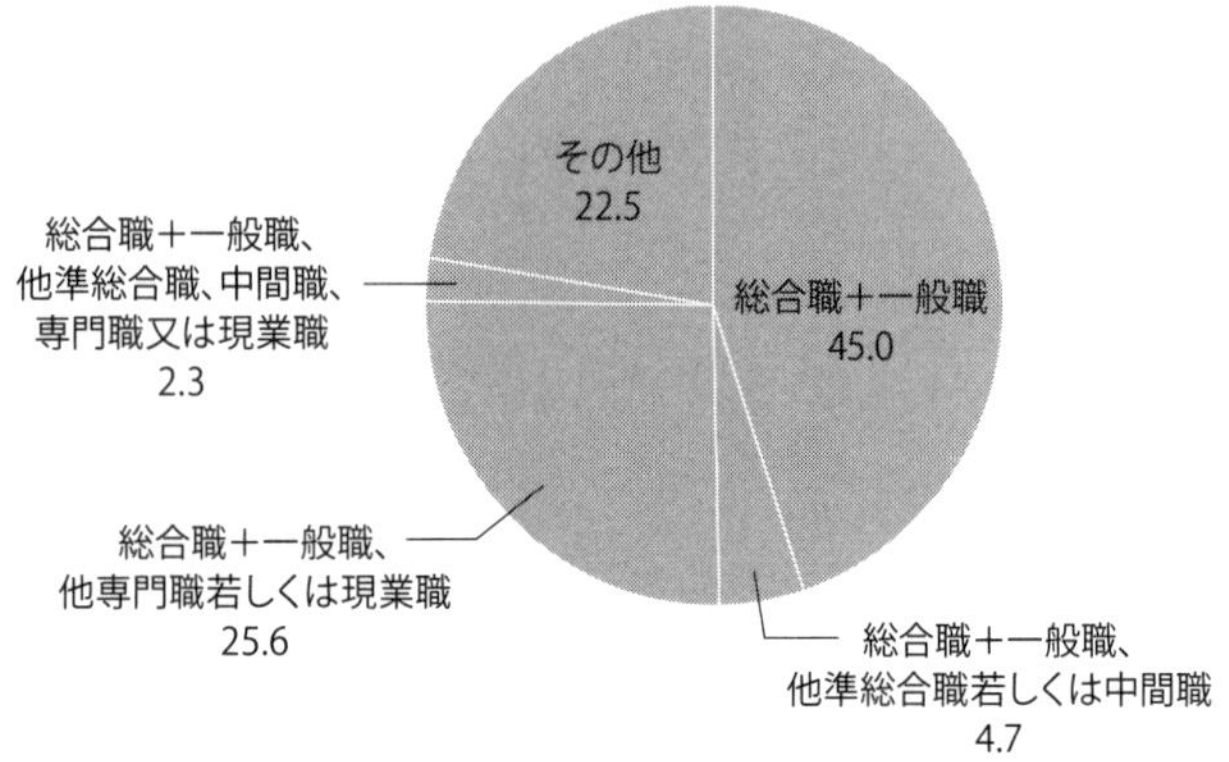

出所：厚生労働省『女性雇用管理基本調査』2011年

大企業においてはほぼ半数の企業がコース別雇用管理制度を採用していることがわかったが、それを採用していない企業もおよそ半数存在していることも重要な情報である。とはいえ、こういう制度を公式に存在すると認めていなくとも、現実の人事政策の運用に際して、個々の従業員を大なり小なり総合職待遇か一般職待遇かを選別している可能性は高い。それを従業員自身が公に認識しているかどうかの差は大きいが、暗黙には認識していると理解する方が自然である。

第3に、コース別雇用管理制度も時の経過とともに、制度の変革が見られた。それは図3-1に示されるように、新しく「地域限定型総合職」あるいは「準総合職」ないし「中間職」と呼ばれるように、転勤のあることを前提としない総合職を用意したり、従来のような総合職と一般職の中間に属する処遇をする職の導入がある。もう一つは、専門職と称して特定の専門的な仕事に従事する人を別個に設定したり、現業職として新しい採用枠と処遇方式を設けることであった。

この図によると、従来型の総合職と一般職という二つの区分をする企業が45・0％ともっとも多く、準総合職を導入した企業と、専門職や現業職を導入した企業もかなりある。本書での関心は、総合職、準総合職、一般職なので、現業職については言及しない。専門職は後に詳しく論じる。

コース別雇用管理制度における女性の位置

大企業において総合職と一般職というコース別に採用、処遇の違いのあることがわかったが、この制度が女性の教育、勤労、生活にどのような影響をもたらしたかが、次の関心である。本書のメインテーマの一つでもある。いくつかの影響を議論してみよう。

第1に、有能で意欲の高い女性にとっては、これまでは男性と比較して採用、処遇、昇進などに関して何らかの差別があるのではないか、という不満や疑心暗鬼の中にいたが、総合職であれば少なくとも差別はなくなったと思わせるようになった。しかも企業からしても、女性差別はしていません、という意思表示の道具としての効果もあった。

第2に、では企業においてどれほどの女性総合職が採用されたかを知る必要がある。これに関しては、厚生労働省の『コース別雇用管理制度の実施・指導状況』が有用である。この調査における数字を数年間にわたって調べると次のようになった。総合職に関して、採用者の女性比率は、2008（平成20）年で16・9％、2012（平成24）年で18・8％、2014（平成26）年で22・2％であった。在職で総合職に就いている人のうち、女性比率はそれぞれの年で、6・0％、5・6％、9・1％であった。

採用比率、在籍者比率ともに、年度による多少の変動はあるが、現状に注目すると、総合職の採用者のうちおよそ20％が女性なので、女性総合職の人は増加の傾向にあると結論付けてよい。女性総合職が2割の採用、存在を占めるようになった事実は、女性労働力を重視する立場からは好ましいと評価できる。

では一般職はどうかと言えば、現状では採用の80％前後が女性であり、残りの20％前後が男性であると報告されている。男女雇用機会均等法の導入以前、すなわちコース別雇用管理制度の導入以前では、ほとんどの男性は総合職のような働き方が期待された採用であったし、猛烈男性社員の存在が日本の特色であった。しかし、それ以降では男性でも少数とはいえ、一般職を選択する人が出てきたことは画期的であると言ってよい。補助的な仕事でよい、出世を望まないという働き方を好む男性の登場は、新しい時代の到来を予想させるものである。

少数の女性総合職の現状

総合職として採用される女性が現状で20％前後とすれば、総合職として企業に入社するには激烈な競争があると想定できる。例えば大卒で100名の総合職の採用をする企業であれば、女性はそのうち20名にすぎないという少なさだからである。10年以上前であれば、女性比率は10％前後だったので、競争はもっと過酷であった。

もっともこの解釈には注釈が必要で、女子学生で就職希望の全員が総合職を目指していた、あるいは目指しているというのは早計で、様々な理由によって最初から一般職を目指す女子学生はかなりいる。あるいは当初は総合職を目指していたが、求職活動を行う中で総合職で採用されるのは難しいと認識して、中途で一般職志望に切り替える女性も存在する。

最初から総合職を目指さず、一般職を目指す女性がそれを希望する理由を考えてみよう。第1に、現代の女性の全員がキャリアをまっとうして働き続けようとするのではなく、就業は結婚か出産までと思っている人も存在している。女性の労働参加率はM字型カーブ（学校卒業後は仕事をするが、結婚ないし出産で一時仕事をやめ、子育て終了後に再び働き始める姿）がまだ残っているので、そういう女性にとっては身も心も仕事にというのは期待しにくい。

第2に、第1に述べたことと関係あるが、企業において第一線のビジネスウーマンとしてバリバリ働き、将来は幹部にでもなってみようとする女性はまだ少なく、転勤を望まず補助的な仕事をするだけで充分と考えている女性がかなりの数いる。

第3に、一般職であっても大企業に就職すれば給料は高いし、世間に名前を知られた企業が多いので、自尊心を満たすことができるという思いを持つ女性がいる。一昔前によく言われた言葉、「女子学生の希望就職先の会社は、東京では霞が関、日本橋、大手町の三点で囲まれる地域の大企業」があった。この三角形地点には大企業の本社が多くあることは事実である。こういう職場だとオフィスもモダンで奇麗だし、勤める男性も将来の夫としてふさわしい人が多く働いている、との魅力があった。もう死語になったが、「花のOL」「寿退社」という言葉はこれらを象徴するところがあった。

第4に、大企業であれば一般職であっても、結婚・出産後も安定した働き方ができそうなので、それに魅力を感じる女性が結構いる。一般職には原則転勤がないので、転勤を望まない女性にはこういう身分はむしろ好まれるのである。

第5に、女子学生の学ぶ専攻科目は、文学、教育、芸術、家政などの科目が多いので、企業の求める法学、経済学、経営学、理工、農学系を学ぶ人はまだ少ない。女子学生は企業も採用したがらないだろうと予想して、総合職を目指さない。文学、芸術、家政などを学んだ女子学生が企業に就職した場合、補助的で定型的な仕事しかできないだろうという思いが、採用側と採用される側の双方にあった。これも総合職ではなく一般職を希望する女性を生む要因となった。

この問題は高校から大学に進学するときに、どの学部に進学するかを将来の職業生活と直結させていなかったことに端を発している。一昔前から女子学生の進学学部は文学、芸術、家政が中心だったが、現在はその伝統はやや崩れている。将来のキャリアを考えたときには、どの学部に進学するかは大切なことなので、高校時代での進路へのアドバイスや相談の相手になることが必要なことを示唆している。

女子学生が大企業に総合職として入社するには過酷な競争があることはわかったが、幸運にもその厳しいハードルを乗り越えて入社したとしても、その後には予想外の出来事が発生していることを知っておこう。それは総合職女性の離職率が高いという事実である。将来の幹部候補生として採用されているのに、意外とかなりの総合職女性が退職するのである。

まず統計を見てみよう。先ほど利用した厚生労働省の『コース別雇用管理制度の実施・指導状況』は、これに関しても有用な情報を提供している。すなわち２００５（平成17）年での採用者の10年後の離職率は女性58・６％、男性37・１％であった。次いで１９９５（平成７）年における採用者が20年後に離職している率は、女性が85・８％、男性が36・６％であった。

この数字を解釈すると次のようになる。第１に、10年後に関しては、女性の離職率が男性よりもほぼ20％ポイント高いのは事実であるが、びっくりするほどの差ではない。むしろ男性にもかなり高い比率で離職者のいることの方が驚きである。

第2に、20年後となると、女性は85・8％も離職するのであり、およそ15％ほどしか続けて会社に残っていない事実が驚きである。総合職女性が一つの企業で働き続けるというのは幻想にすぎない。したがって会社で係長、課長、部長と昇進していく女性が非常に少数になるという現象は、この候補になる女性が存在していないという事実で説明できることになる。

女性活躍社会をつくると政府・民間が一体となって叫びはしているが、経営側は常に「幹部に女性を登用したいけれど、そもそも社内に候補がいない」との弁明をするが、多少はその弁明は容認できるのである。しかし、なぜこれほどまでに女性の総合職が退職しているかの理由を探ると、弁明にも再評価が可能となる。とはいえ、ごく少数ながら、女性の中で企業を移って他の企業で管理職を目指す人がいることも述べておこう。

第3に、男性に関して一言述べておこう。女性の総合職の離職率は10年後から20年後にかけて大幅に増加するが、男性の場合には36～37％前後でほとんど変化のないのが興味深い。すなわち企業に10年ほど勤めた男性は、その後はその企業で働き続ける可能性が高いことを示唆している。かなりの数が退職する女性と、ほとんどが在籍し続ける男性、という対比が鮮明である。

なぜ女性総合職の離職率がこれほどまでに高いのか、いくつかの理由を指摘できる。まずは結婚・出産によって勤労をやめるという女性の伝統が、総合職においてもかなりの程度当てはまる現状がある。さらに、総合職には住所を移す転勤を拒否できない前提のあることを述べたが、夫婦が共働きの場合にどちらかに転勤話（国内のみならず外国勤務を含めて）が起こった場合、まだ日本では夫の転勤先に妻が同行するケースが多く、妻は仕事をやめることになる。もとより単身赴任を選択する夫婦もいるわけで、すべての既婚女性が退職するのではない。

よく言われるのは、昇進や配置転換において、女性がなんらかの形で男性よりも不利に扱われていると感じており、その感情があれば企業に見切りをつける程度が女性に強いと想像できる。例えば、大内（２０１２ａ、ｂ）や脇坂（２０１８）では実証研究によって、女性が差別を感じていると報告されている。

総合職制度を導入した一つの理由は、女性への差別をなくすため、という表面上の理由が明確なだけに、女性総合職が男性と比較して、配置転換や昇進で差別を受けていると実感しているのは、制度がうまく機能していない、と解釈できる。ただし、一つだけ差別を容認するような論理がある。それはよく知られた「統計的差別」と称される論理である。企業は総合職女性であってもかなりの数が離職する事実を「統計」として認識しているので、いずれ女性が将来に退職するのなら配置転換や昇進を女性に行わない、と説明する論理である。

この論理は、「卵が先か鶏が先か」の論法に似ており、「差別があるから女性が離職するのか、女性が離職するから差別するのか」において、「統計的差別論」は明らかに後者の論理に軍配をあげているのである。女性からすると前者の論理を主張したいであろう。

「統計的差別論」に対する筆者の見方は、次の通りである。女性総合職が結婚・出産を機に退職したり、転勤を好まないために離職したりする姿が、経営側からすると理由はともかく、看過していない事実にある。結婚・出産による退職を防ぐような労働政策、あるいは女性も転勤に応じられやすい政策を導入すれば、女性が離職する確率は減少するであろうから、「統計的差別論」を掲げる経営者はいなくなるだろうと予想している。まずは結婚、特に出産する女性が働き続けるのに際して、何の不利益も感じないような人事・労働政策を導入することが肝心と考える。

女性自身が管理職になりたくないという説

「統計的差別論」は主として企業側のとる行動に関する論理であるが、逆に女性側の意向に注目して、総合職を途中でやめる行動、あるいは管理職になる女性が非常に少ない理由を説明する論理がある。それをここで論じてみよう。

これに関しては、『現代女性とキャリア』(2018年第10号)が特集を組んでいて有用な分析を行っているので、それを見てみよう。まず、大槻(2018)は国立女性教育会館の実施した、大学卒業者を対象にして、入社2年目にどういう状況と意向にあるかを男女別に示した表が表3-2と表3-3である。前者は入社2年目の仕事と意識を問うたものであり、後者は入社1年目と比較して変化があったかどうかを問うたものである。

表3-2　入社2年目社員の仕事と意識

	男性（551）	女性（342）	計（893）
男女どちらが担当することが多い仕事か			
主に、男性	45.2%	38.3%	42.6%
どちらともいえない	50.5%	40.6%	46.7%
主に、女性	4.4%	21.1%	10.8%
将来のキャリアにつながる仕事をしている			
あてはまる・計	75.3%	75.4%	75.4%
あてはまらない・計	24.7%	24.6%	24.6%
仕事満足度			
満足・計	62.1%	60.5%	61.5%
不満足・計	37.9%	39.5%	38.5%
求められる能力：リーダーシップ			
求められる・計	75.1%	62.0%	70.1%
求められない・計	24.9%	38.0%	29.9%
	男性（551）	女性*（340）	計（891）
管理職を目指したいか			
管理職志向あり・計	86.9%	49.7%	72.7%
管理職志向なし・計	13.1%	50.3%	27.3%

注：*1「管理職になることが想定されていない職種」という女性の回答（n＝2）を集計から除外、以下の集計も同様。
（カイ二乗検定　*p.＜.05 **p.＜.001）
出所：大槻（2018）

表3-3　管理職志向の変化

	男性（412）	女性（264）	計（676）
管理職志向入社1年目			
あり	94.4%	65.2%	83.0%
なし	5.6%	34.8%	17.0%
管理職志向入社2年目			
あり	86.7%	50.4%	72.5%
なし	13.3%	49.6%	27.5%
1年目と2年目の管理職志向の変化			
あり→なし	8.7%	19.3%	12.9%
それ以外	91.3%	80.7%	87.1%
（参考「それ以外」の内訳）			
なし→あり	1.0%	4.5%	2.4%
あり→あり	85.7%	45.8%	70.1%
なし→なし	4.6%	30.3%	14.6%

出所：大槻（2018）

まず前者を検討してみよう。男女の間に、仕事のやり方やキャリアにつながる仕事をしているか、そして仕事の満足度に差があるかに関しては、ほとんど差がないと評価している。換言すれば、入社1年間では、仕事ぶりや満足度に関して男女間であまり差がないのである。

ところが将来のことを想定したリーダーシップに関して、やや異なる様相が男女間で出現している。すなわち求められるリーダーシップに関しては男性では75・1%もあるのに、女性では少し低くなって62・0%である。男性にはリーダーシップ

（すなわち将来の幹部候補生）が期待されているが、女性へのそれはやや低いのである。

もっと鮮烈な差は「管理職を目指したいか」の問いに関して出現している。すなわち男性は86・9％も管理職を目指しているのに対して、女性は49・7％なので、男女間で管理職志向にかなりの差がある。コース別雇用管理制度を採用している企業で一般職の大学卒女性は、当初からそれを想定しているであろうから、女性社員の管理職志向の低い理由の一つになっていることはありうる。しかし、この表は回答者が総合職か一般職であるかの区別がないので、一般職の存在がどれだけ差の説明になっているかは類推できない。とはいえ、結論として女性大卒社員の管理職志向は男性と比較してかなり弱い、とだけは主張できる。

後者の表は入社1年目から2年目を経て、管理職志向の意思に変化があったかなかったかの表である。この結果によると、男性よりも女性に「あり→なし」（すなわち管理職志向があったが2年目にはそれがなくなった）とする人が多かったのである。入社1年目では管理職志向の女性がそこそこいたが、1年間働いた経験によってそれを失った女性が結構いるのである。

なぜ「あり→なし」に変化したかの理由に関して表からはわからないが、女性からするとそれを説明する理由は次のように要約できる。すなわち、仕事満足度がやや低くなったし、職業能力を発揮する場を感じないようになったし、専門職が自分に向いていそうだ、と思うからである。まとめれば、自分は管理職には向いていないと感じる程度が、入社1年後に女性で多いのである。

ではなぜ女性の昇進意欲が弱いのかが次の関心事になる。まず思い浮かぶ理由は、これまで論じてきたことでもあるが、女性が結婚・出産を経験するとどうしても家事・育児の負担がかかって、キャリアをあきらめる場合がある。企業で管理職になるともっと働かねばならないだろうからと、昇進を望まなくなるのはありうる。

ここではその他の要因を考えてみたい。それに関しては本間（2018）と坂田（2018）が有用な情報を提供している。これらは主として社会心理学や産業心理学からの解釈をするもので、結論を先取りしていえば、女性は性格的に管理職に向かないし、それになろうと欲する気持ちが弱い、というものである。

例えば、「役割不適合性理論」というのがあって、管理職は男性に向いており、女性には向いていないというのがある。男性は一般に攻撃的、競争的、野心的な性格の持ち主であるし、知力・体力的にもその性格を助けるところがあるので、人の上に立って指導的立場の管理職にふさわしい体質を持っている。一方で女性は一般論として、協調的、遠慮がち、共感性が高い性格なので、上の地位に立つことを望まないし、それにもふさわしくないと見る立場である。

この考え方には、特に女性側からの反応として、男性と女性をこのように心理学上の特性で区別するのは、ステレオタイプの見方であるとの批判論・反対論のあることは充分承知している。この見方に対する筆者の判断は次のようなものである。

第1に、ここでいうステレオタイプの見方は、あくまでも女性の平均像・男性の平均像からしか言えない対比であって、女性内、男性内を比較すればいろいろな特性を持っている人が存在するのである。例えば女性であってもここで述べた男性的な特質を持った人もいるだろうし、逆に男性であっても女性的な特質を持った人もいるのは確実である。そういう人を十把一絡げとして、女性だ男性だとしてすべての人を同一視するのは間違いだと判断する。すなわち、女性・男性を問わずに、個々の性格・特質を正確に把握することの必要性が高い。

第2に、ここで挙げた男性と女性の性格・特質は好ましい側面もあるが、半面、問題を生じさせることが度々あることを筆者は強調したい。まず男性であれば、自己の主張・立場・意見を通すために他人を無視して独善的になることがあるし、時には暴力的になることすらある。女性であれば、従順で控え目な性格が高じると自分の意見を言わずに、他人からすると何を考えているのかわからないような態度を示すことがある。どちらの性格・行動も困ったことなので、できれば避けたい現象である。

第3に、心理学はおもしろい説を提供している。慈悲的性差別と敵意的性差別と称されるものである。前者は、女性は弱い身体・性格の保有者なので、それを守ってやるという精神は尊いもの、との考え方から、あえて女性が前に出てきて派手に振る舞う行動を称賛しないのである。これは一見女性を好意的に処遇する姿に見えるし、扱いがていねいになるのであるが、女性も思い上がるところがあって、結局は昇進意欲を失うことになり、最終的には差別につながると考えられる。敵意的性差別はそもそも女性は劣るものとみなす考え方があるので、排除されるべき考え方につながり、伝統的な性差別と見なしてよい。この区別はGlick and Fiske（1996）による主張から始まった。

第4に、企業で誰を昇進させるかを決定しているのは、結局は上司である。今の企業、特に大企業においては社長以下役員、部課長などの管理職はほとんどが男性である。上役への登用を決めているのが男性であるなら、これまで述べてきた様々な理由を男性上役は信じるところがあって、女性を抜擢する勇気を持ち合わせていないのである。

この問題を解決するには、短期的な混乱と一時的な生産性の低下が避けられないかもしれないが、クォータ制度（割当て制度）の導入が好ましい。例えばノルウェーのように上場企業の役員の40％は女性であらねばならない、といった法律の導入である。部課長の何％は女性であらねばならないとする法律か、社内規則の制定であるが、日本では過激な案として受け入れられるような雰囲気はない。教育と啓蒙をしっかりと男性に施して、男性の変心を待つしかないのかもしれないが、短期的なクォータ制はショック療法として有用である。

総合職と女性の学歴

総合職制度の導入によって、女性も将来に企業の幹部になりうる道が開けたのは好ましい動きであったが、これまで述べたように、女性で総合職に採用される数は非常に少なく（総合職のうち最初の頃は10％前後であってその後多少の増加が見られたが、現在でもせいぜい20％前後にすぎない）、女子大学生の間では激烈な競争となったのである。この競争と女性の学ぶ大学との関係を分析するのが、ここでの課題である。

結論を先に述べておこう。それは、総合職として採用される新卒の女子大学生は、その大半が名門校、有名校、難関校の出身者となってしまった、というものである。企業、特に大企業が新卒大学生を採用する際、それはこれまでは男子学生についてであった。名門校、有名校、難関校の卒業生が多かったし、今でもそうである。なぜそうであったかは本書の第5章で述べる。さらに詳しいことを知りたい人は、橘木（２０１４、２０１８）を参照されたい。

男女雇用機会均等法の導入を機に、「コース別雇用管理制度」によって総合職が新しく設定されたが、これには少数の女性も含まれるようになった。ではどのような女性を総合職として採用するか、という話題になると、実は男子学生以上の名門校、有名校、難関校を重視する形になってしまったのである。総合職の採用数が男性の5分の1程度というごく少数であるから、選抜が極めて厳しくなったのは当然であり、採用してみたらごく限られた名前の大学卒業生だけになってしまったのである。

具体的にどういう名前の大学かといえば、東京大・京都大などの旧帝大と一橋大・東京工業大・神戸大といった国立大、早稲田大・慶應義塾大、上智大、東京理科大、ＩＣＵ（国際基督教大学）といった私立大の名門校であった。そしてそれらの大学に続くごく少数の大学から、時によっては1名の採用という厳しい選抜であった。本来ならば大学生の採用大学名とその数を総合職と一般職とをここで別々に掲示すればよいのであるが、これを企業はなかなか公表しないので、ここでそれを詳しく論じるのは困難である。

当然のことながら、多くの大企業がどこの大学から何名を採用しているかは公表しているし、それを就職情報誌などから知ることができるが、総合職と一般職を男女別に区別しての情報に乏しい。私たちの知りたいのは、総合職の採用者の男女計と男女別、一般職の男女計と男女別に、そして企業別に大学名と人数を知りたいのであるが、なかなかそれを知ることは困難である。

そこで間接的にその事実を類推できる方式を採用してみよう。それは、国家公務員総合職と一般職の合格者数を大学別に示した統計から得られるものである。国家公務員と大企業は近い性質を持っているので、国家公務員の総合職と一般職の大学名から民間企業もそれに似た姿であろうと類推ができるのである。特に女子に関しての統計なので、大いに参考となる。表3－4はそれを示したものである。

総合職のトップテンには、東京大、京都大、慶應義塾大、早稲田大、大阪大、北海道大、岡山大、一橋大、九州大、東北大が登場している。これらの大学の女子学生が大企業の総合職として採用されていると想像できる。一方の一般職のトップテンは、早稲田大、岡山大、中央大、広島大、同志社大、立命館大、北海道大、日本大、明治大、東北大である。早慶に注目す

表3-4　国家公務員総合職と一般職の割合（女子）

国家公務員総合職（女子）

	大学	人
1	東京大	83
2	京都大	33
3	慶應義塾大	31
4	早稲田大	27
5	大阪大	24
	北海道大	24
7	岡山大	18
	一橋大	18
9	九州大	14
	東北大	14
11	神戸大	12
12	千葉大	10
13	お茶の水女子大	9
	横浜国立大	9
15	岩手大	8
	筑波大	8
	東京農工大	8
	名古屋大	8
	同志社大	8
20	首都大学東京	7
	中央大	7
	立命館大	7

国家公務員一般職（女子）

	大学	人
1	早稲田大	229
2	岡山大	197
3	中央大	195
4	広島大	185
5	同志社大	183
6	立命館大	173
7	北海道大	165
8	日本大	161
9	明治大	148
10	東北大	144
11	神戸大	138
12	千葉大	136
13	九州大	135
14	金沢大	132
15	新潟大	111
16	大阪大	109
17	熊本大	108
	名古屋大	108
19	琉球大	105
	関西大	105

出所：『大学ランキング2019』朝日新聞出版

ると、総合職では慶應が早稲田を上回っているのに対し、一般職では早稲田がトップで慶應は20位以下である。卒業生の人数が違うとは言え、この差は興味深い。

一般職の合格者大学には旧帝大系と私立大の上位校が登場している。総合職と一般職に同じ大学名が登場しているのは、これらの大学で学ぶ女子学生のうち、一部のキャリア志向の人は総合職をねらって合格し、そうでない人は一般職をねらうとの区別が考えられる。この表からもう一つ言えることは、総合職には名門・有名大学生のうちキャリア志向の高い人が集まり、一般職には名門・有名大学の安定志向の学生と、それに次ぐレベルの大学の意欲の高い人が集まるとの解釈が可能である。

ここで述べたことは、女性総合職として民間の大企業を目指す人にも当てはまるのではないか。すなわち、総合職には名門・有名・難関大学のキャリア志向の人が集まり、一般職には名門・有名・難関大学であっても上昇志向のそう強くない女子学生と、それに次ぐレベルの大学の意欲の高い人が集まるのではないか、ということになる。

国家公務員一般職と民間大企業一般職の違いは、民間企業の方が採用数がかなり多いことにある。したがって、民間大企業の一般職では、名門・有名大学における安定志向の女子学生と、それに次ぐレベルの大学の意欲の高い人のみならず、そう意欲の高くない女子学生と、これに加えてごく普通レベルの大学の女子学生が採用されていると見なすのが自然である。ごく普通のレベルの大学では一般職をねらう女子学生が多いと想像できる。なぜなら、大企業では、一般職であっても、選抜は競争の厳しいものになるからである。

総合職と一般職のまとめ

大企業を中心にしてここ30年間ほど、コース別雇用管理制度を実践するため、基幹的な仕事に従事して転勤を受け入れ、将来の幹部への昇進があり得る総合職と、補助的で定型的な仕事に従事して転勤はなく、将来の幹部への昇進可能性が低い一般職の二つが存在することを述べた。

総合職になるには入社のときにそれを希望して、激烈な採用試験を経なければならない。女性の採用枠は非常に少なかったので、競争はさらに激烈であった。そのために企業側が導入した採用戦略は、候補者の在籍大学で区別するという学歴主義にこだわったのである。入社試験を受けることのできる人を、少数の名門・有名大学（旧帝大や早慶レベル）に限定するという方針であった。男性総合職にもこのような学歴主義を採用していたが、女性総合職の方がはるかに厳格な適用だったのである。すなわち受け入れる大学の数を少数にしたし、採用数を絞ったのである。

ところが晴れて総合職として入社した女性であっても、入社後数年、10年、20年と経過するにつれて離職する人が非常に多く、企業としても困惑したかもしれない。皮肉な解釈をすれば、女性の幹部登用を望まない企業にとっては、中途で企業を去る女性総合職の存在は、それほど問題にならなかったかもしれない。しかし今の時代では社会の一般論として、女性の幹部や取締役などの経営者層を増やさなければならないとの風潮があるので、ここで述べた皮肉に満ちた筆者の解釈は時代にふさわしくないかもしれない。

一方の一般職で採用された女性は、当初は総合職を目指したが幸か不幸か採用されずに一般職に流れたか、最初から一般職を目指して晴れて採用された、という二つのタイプがいる。企業での働き方は基幹的な仕事をするのではなく、定型的な業務や補助的な業務に従事するのであるから、賃金などの待遇は総合職より劣っていた。したがって仕事に満足する人と不満な人の双方がいた。ところで、入社後何年間働いたかに注目すると、総合職とそう変わらずに離職率は高かった。当初から勤労は結婚・出産までと思っていた人と、処遇が女性差別との実感から総合職より劣ることへの不満で離職する人の2種類がいた。

一般職と非正規労働者の関係

一般職に関しては、最近になって新しい動きの見られることを強調しておこう。それは企業が社員を正社員（正規労働者）とそうでない社員（非正規労働者）に区別して採用する方針が浸透していることとの影響である。非正規労働者とは、パート、アルバイト、期限付き雇用、派遣社員といったように身分上で差をつけての採用であり、現代では格差社会の一つの象徴になっている。

女性労働者のおよそ半数を占めている非正規労働者は、企業における一般職の仕事を奪いつつあるのが現状である。換言すれば、一般職のする仕事が非正規労働者によって代替されつつあるので、企業において一般職で働く人の数が減少中なのである。一般職は正規労働者なので、その人々がやっていた仕事を非正規労働者がやるようになると、非正規労働者の労働費用は安くすむので、企業経営にとっては経営政策上は望ましい代替なのである。

一般職の今後を予想すれば、この非正規労働者との代替がどれほど進行するかにかかっている。すなわち代替がこれからもますます進行すれば、企業での一般職の採用数は減少するので、大企業における総合職・一般職というコース別雇用制は、形骸化する恐れがある。すなわち、企業では総合職と非正規労働者の並存というのが主流になる可能性がある。

一方で、非正規労働者の増加はこれ以上進まないであろうとの予想も可能である。もともとパート労働や派遣社員といった非正規労働者の増加した理由は、正規労働者と比較して一時間あたり賃金が低い、ボーナス支給がない、社会保険料の企業主負担がない、といったように企業にとっては労働費用に節約のメリットがあったからによる。あるいは業務の忙しいときに短期的に人員を確保できるメリットがあるし、余剰人員であると判断すればすぐに解雇できるのも魅力であった。

ところが日本が格差社会に入った一つの象徴が、この正規労働・非正規労働という身分格差にあるとの理解が深まり、格差是正策として同一価値労働・同一賃金策などが導入されようとしている。これは同じ仕事をしているのなら時間あたり賃金を同一にする、という政策である。財界寄りと言われる自民党の安倍内閣すらこの同一価値労働・同一賃金策を主張しているので、近い将来は導入されるであろう。

非正規労働者を採用する一つの動機、すなわち賃金費用の節約という魅力がなくなるので、非正規労働者の増加に歯止めがかかると予想できる。とはいえ、ボーナス支払いや社会保険料の企業主負担がない、必要なときに雇用し、切りたいときに解雇する、といったメリットが非正規労働者に残るので、採用を続けるインセンティヴは企業にある。しかし、日本は少子高齢化によって労働力不足が進行し、今後もそれが進行すると予測できるので、企業はここで述べたインセンティヴを生かせるような雇用政策を続行できないであろう。

以上をまとめると、非正規労働者を増やす圧力と減らす圧力のバランスを比較すると、非正規労働者の増加を促進する圧力はそれほど高まらないと予想できるので、多少の増加は見られるだろうが、基本は今のままの水準を保つだろう。そうであれば、一般職の雇用者の減少には歯止めがかかると予想できる。従って、一般職労働者の数が減少することによってコース別雇用管理制度が形骸化する方向には進まず、今の状態が続くであろう。

ただし、付言すべき事項が二つある。まずは今のところはその声はそう強くないが、総合職・一般職という区分は結局は女性差別につながるとの声が強くなれば、コース別雇用管理制度自体の見直しがされるかもしれない。次いで、女性の勤労意識が今以上に高まって、総合職希望が今よりも増加した結果、企業が総合職としての採用数を増加させないと労働者を確保できなくなる恐れがある。そうすると、企業は一般職の採用数を減らして、総合職の数を増加させる可能性が高い。その傾向が続くと、いずれコース別雇用管理制度が崩壊するかもしれない。その兆候は、大銀行が総合職と一般職の統合を図ると最近発表したことに現れている。

地域限定総合職、準総合職

総合職の女性（特に既婚女性）にとって最大の壁は、既に述べたように転居を伴う職場の異動（転勤）にどう対応するかであった。将来の幹部になる資格を有する総合職の人には、いろいろな職場を経験することの必要性から、転勤の不可欠なことは明らかである。しかし、一部の女性は転勤に応じずに退職を選ぶ人も出てきたし、将来幹部になるのを希望しないが定型的で補助的な仕事は望まないという人に、地域限定総合職、ないし準総合職を新しく設定して、総合職のような仕事をする職務を要求したのである。転勤を望まない女性総合職にとってはうってつけの働き方なので、一定の比率で企業に存在している。どの程度の企業がこれら地域限定総合職、準総合職を導入しているかは、図3-1で示してある。

2 専門職

専門職とは

総合職、一般職、地域限定総合職（準総合職）と呼ばれる人の職務は、現場において企業の本業に従事するライン職であり、それぞれの職場にはその職場で指導・管理を行う管理職が存在する。すなわち、係長、課長、部長といった職に昇進する人が存在する。総合職と一般職の違いの一つは、こうしたラインで昇進の速い人と遅い人の区別にある。

一方で企業にはライン職ではなく、スタッフ職として特定の仕事に従事する人がいる。例えば、研究職、法務職、医務職などの様々な仕事をしている人で、比較的自己の意思に基づき、かつ特殊な技能を生かす職務を遂行する人である。こういう人は企業のみならず他の職場（例えば、司法界、医薬界、教育界など）にも存在し、専門職と呼ばれる人がこれに相当する。

ここで、総合職・一般職と専門職の違いを認識しておこう。専門職の仕事は女性にふさわしいということを主張したいことと、実は日本の女性が専門職に就いている比率が国際比較の点で劣っていることを示しておこう。

やや堅苦しく専門職を定義すると次のようになる。何らかの専門知識を持ち、それを活かす仕事に就くのが専門職であるが、かなりの場合にそれを遂行するための資格を付与する目的で国家が試験を課している職種がある。皆の知っている国家資格として、医師（歯科を含む）、薬剤師、司法（裁判官、検事、弁護士）、一級建築士、公認会計士などである。これら以外にも似た業務を行う弁理士、税理士、社会保険労務士、不動産鑑定士、二級建築士などの国家資格があって、試験の合格者は専門職として仕事を行うことができる。小・中・高の教師になるにも教員資格の取得が必要である。

これら国家試験の種類にもいろいろあって、志願者と合格者の倍率はそう高くないが、学識水準の高いもの（例えば医師など）から、学識水準が高くかつ倍率の高いもの（例えば司法や公認会計士など）、それほど高い学識を必要としないが競争倍率の高いもの、などいろいろである。

これら国家試験を必要とはせずに、高度な専門知識を必要とし、かつある程度の実務経験後に高度な職務に従事する人々、例えばシステムエンジニア、機械・電気などの技術者、そして大学や企業研究所で研究・開発に従事する人も専門職と見なしてよい。

これら専門職の特色として2種類の働き方がある。一つは個人が自営業として働く場合（開業医、個人の弁護士や税理士事務所、公認会計士、薬局など）と、企業や組織に属して働く場合がある。後者の場合には、ライン職に似たような働き方があって、研究職でも研究所長、主任研究員、研究員などの職位の違いがあるし、大学においても教授、准教授、講師、助教といった職位の違いがある。高度な技術を持ったエンジニアは、企業においてライン職に就いて管理職になることもある。裁判官、検事も裁判所や検察庁の管理職に就くので、専門職でありながら組織の管理職の双方を兼ねている人もいる。

こう見てくると、専門職でありながら一部には管理職の道を歩む人もいるが、多くの専門職は自分の専門を活かせる仕事をするときに大きな喜びを感じる。上の職位に昇進するよりも、専門家としていい仕事ができることに多大な関心を寄せる。

例えば大学の研究者であればいい研究業績を出したとき、医師であれば患者を治療して元気にしたとき、弁護士であれば裁判にうまく対処できたとき、などである。もっとも、医師や弁護士の場合、所得の大きいことに関心のあることは否定できないが、それは組織の中で地位を昇進させたことに対して支払われた高い所得ではなく、医師や弁護士という仕事への報酬として評価される分である。

もう一つの専門職の大きな魅力は、国家資格を保有していれば仕事の見つかる確率は高いし、一度職に就けば安定性の高い点にあると言える。企業であれば倒産や解雇というリスクがあるので、大企業はそれほどでもないが、一般に職の安定性は高くない。さらに企業での仕事は企業間、そして従業員間の競争が激しいだけに、過酷な働きぶりを要求されることがある。

昇進へのプレッシャーもあるかもしれない。専門職の仕事であれば、人に指図されずに自分の裁量に基づいて比較的自由に取り組めるので、満足度が高いかもしれない。もっとも普通の企業のシステムエンジニアなどは専門職とはされながら、それほど自由度が高くない職業も存在しているので、すべての専門職に自由度があると見なすのは早計である。もっとも企業でバリバリ働いて出世を望む人にとっては、むしろ企業で働くことに生きがいを感じるであろうから、こういう人にまで専門職を勧める気はない。

専門職は特に女性にふさわしい

ここで専門職は、特に女性にとってふさわしい職であることを述べておこう。第1に、企業での採用では本書でも強調したことであるが、総合職に就くにはハードルが高いし、たとえ総合職であっても将来での昇進には不利が伴う。すなわち不幸にして女性差別がまだ残っているのは事実である。専門職であれば昇進に関することとはかなり無縁なので、ストレスを感じる可能性は低い。

第2に、企業であれば忙しいときは残業などが期待されて、労働時間が長くなる可能性があるが、専門職の仕事は労働時間の制約が比較的ゆるい。職業生活と家庭生活の両立が比較的やりやすい。もっとも病院に勤める医師は例外で、急患や手術などによって労働時間が不規則になることが多い。このことによって、女性で医師を目指す人は、眼科、皮膚科、精神科、小児科などへの希望が多いとされるが、これは労働時間が比較的定時に収まっているからである。なお、産婦人科の人気も高いが、これは女性患者による需要の高さが大きいのが第1の理由である。開業医も労働時間は比較的自由に設定できる。この点では大学の研究者も同じで、労働時間で縛られることはない。

第3に、裁判官と検事を例外として、専門職には転勤の可能性が低い。これまで調べてきたように、総合職にとって転勤は避けられない条件であり、これが既婚女性にはハードルとなっていたが、専門職であれば転勤の確率がかなり低いというメリットがある。

第4に、医師、司法、会計士などの国家資格試験を考えると、女性の方が男性よりも合格可能性が高いと想定できる。医師の国家試験は医学部を卒業した人、ないし見込みの人にとってはそう困難ではなく、医学部に入学するときの試験の方がより厳しいし重要である。したがって、医学部入試、司法試験、会計士試験などにおいて、女性と男性の合格率が関心となる。結論を述べれば、男性よりも女性の方がコツコツと勉強する熱意があるので、受験ということに関しては、女性に向いているのである。どの大学の先生に聞いても、大学では女性の方が勉学に熱心であるし、学業成績は女性の方が男性より優秀である、と述べる。女性は試験に強いのである。

その証拠を示しておこう。まず女性の医師比率の推移であるが、厚労省の「医師・歯科医師・薬剤師調査」によると1986（昭和61）年では女性医師比率は10・4％であったが、2016（平成28）年では21・1％に増加している。もっと有用な情報は、現在では医学部で学ぶ女性の比率は、文科省の「学校基本調査」によると35％前後の比率に達している。これらの学生が卒業するとほとんどは医師になるであろうから、今後を予想すると、女性医師比率は確実に今より高くなるであろう。

もう一つの証拠は、弁護士の女性比率の推移である。日本弁護士連合会の統計によると、1950（昭和25）年が0・1％、1970（昭和45）年が2・1％、1990（平成2）年が5・6％、2010（平成22）年が16・2％、2015（平成27）年が18・2％とあり、急激な増加である。2017（平成29）年における司法試験合格者のうち、20・4％を女性が占めているので、今後を予想すれば、女性医師と同様に女性弁護士の数は増加するであろう。

最後に、これは国家資格試験で決まるのではないが、研究者に注目してみよう。研究者に占める女性比率を「科学技術白書」から調べると、1992（平成4）年が7・9％であったところ、2017（平成29）年では15・3％に増加している。25年の間におよそ2倍弱の増加率なので、かなりの増加であるし、今後も増加するだろうと予想できる。

このようにして女性専門職（代表的には医師、弁護士、研究者）の比率は急上昇したし、今後もそれが予想されるが、国際比較すると、まだ日本で女性が専門職に就いている比率はかなり低いのである。

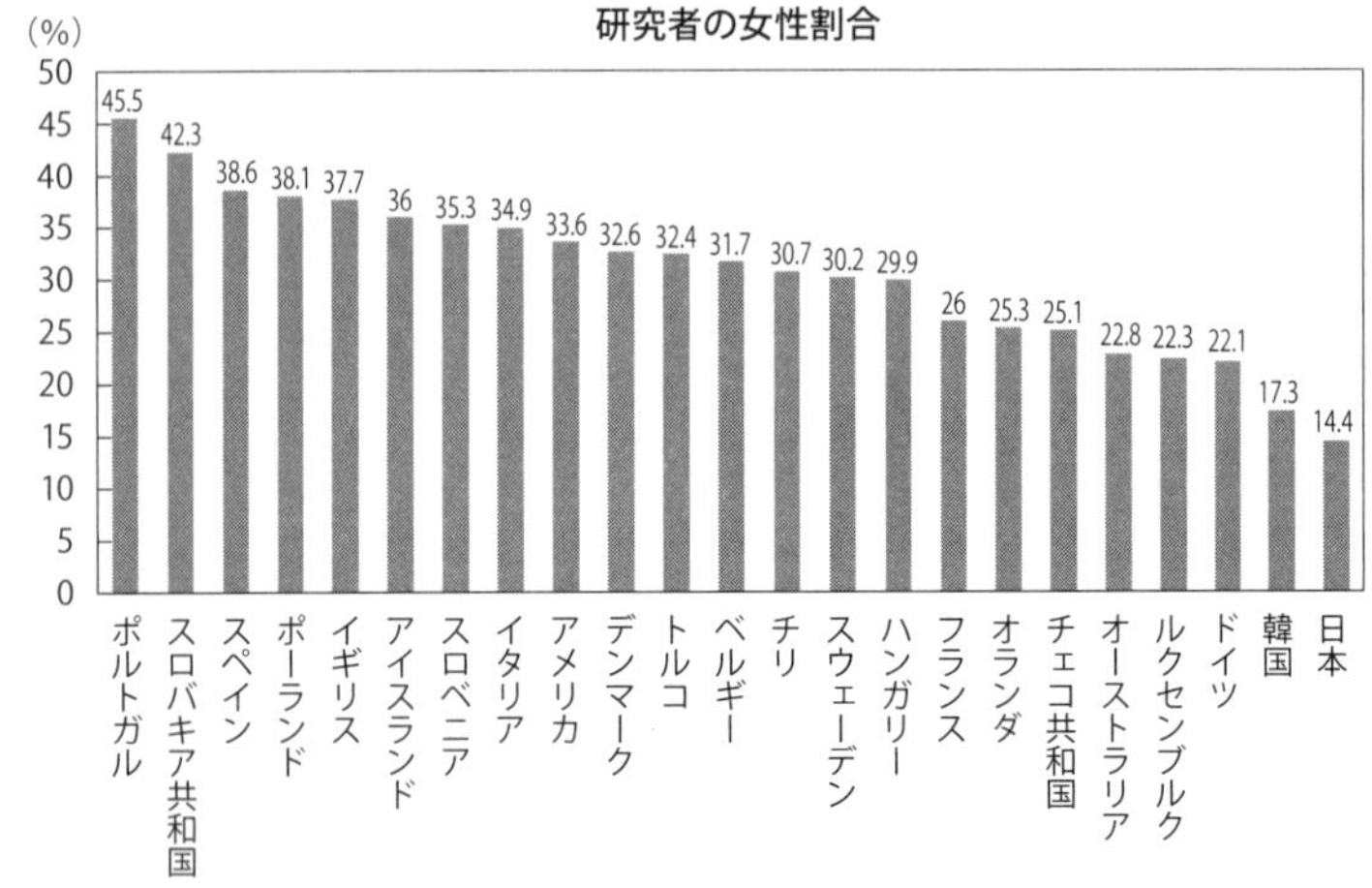

出所：UNESCO統計、イギリス、アメリカ、韓国と日本は総務省資料。
山口（2017）より引用

図3－2によって、大学教員(研究者とみなしてよい)、医師、研究者（大学と民間企業・研究所）の三職種に関して、女性比率が他国と比較してどうであるかを見ておこう。これらの図によって、日本女性が研究者、医師という代表的な専門職に就いている比率は、先進国の中で最低レベルであることがわかる。興味深いのはもう一つの東アジアの国である韓国も同じように最低水準にある。この図には中国が掲載されていないので、東アジア全体の特色であるとは言い切れないが、中国は社会主義国なので、日本や韓国よりは高いと想像できる。

図3-2　大学教員・医師・研究者の女性割合

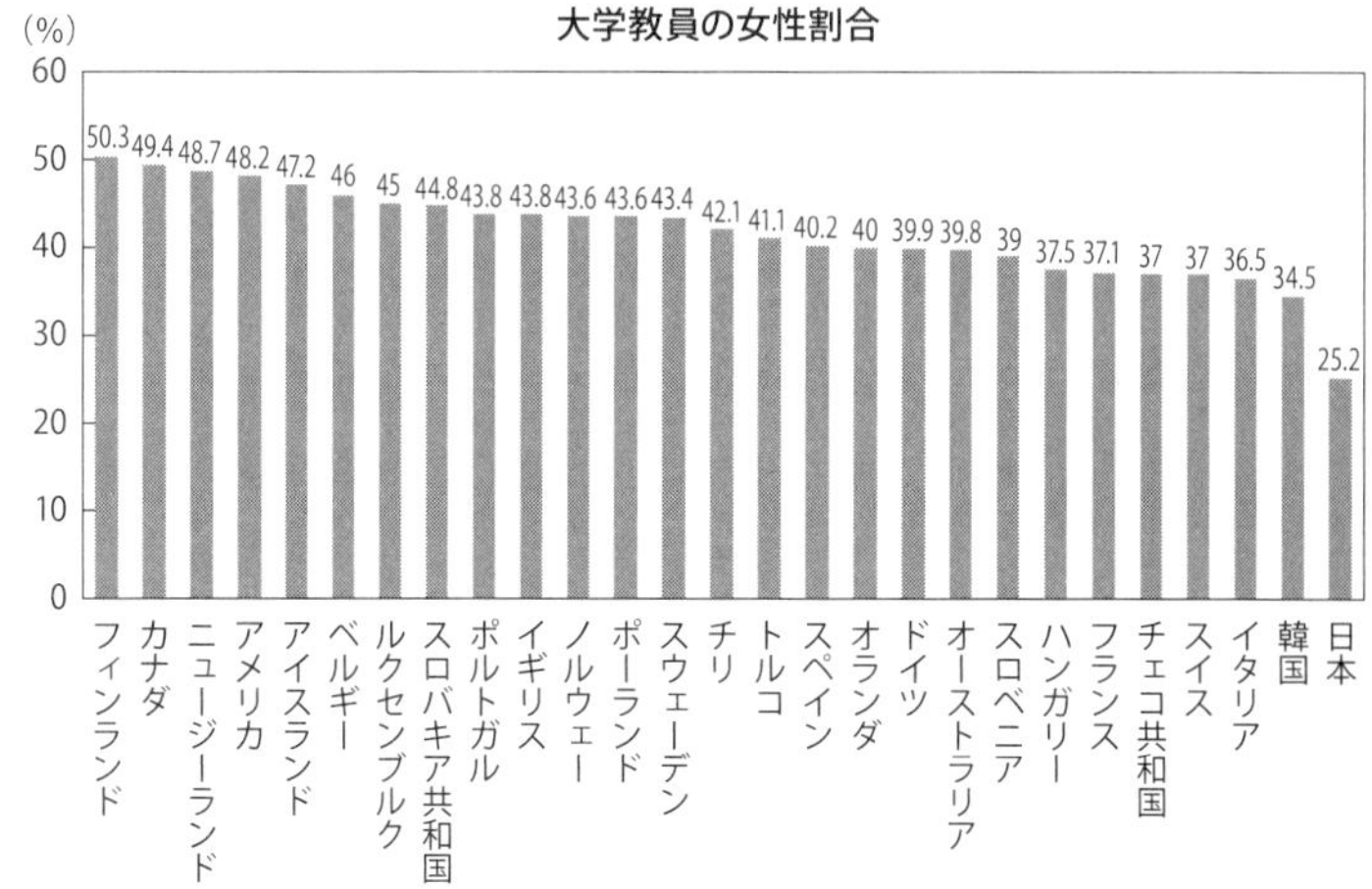

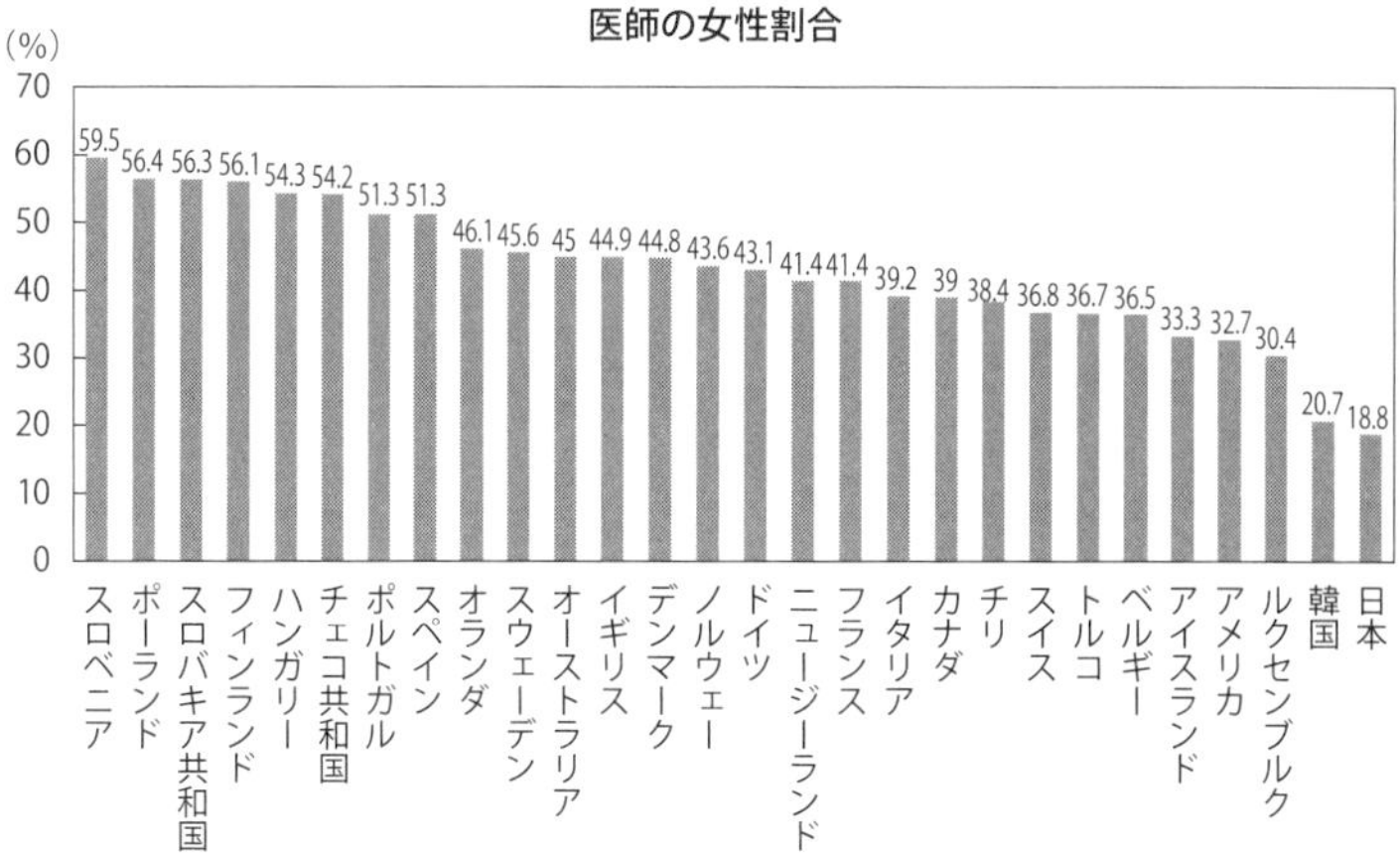

出所：OECD、2016

なぜ日韓がこれほどまでに低いのか。様々な理由が考えられる。

第1に、もともとは儒教思想が強い国だけに、男尊女卑の思想がまだ残っていて、こういう高度の学識と技能を必要とする職業は、男性のものとの信念がまだ残っている。

第2に、これまでの日本であれば、医師、研究者、弁護士といった高度な専門職には男性が就いていたことをよく知っているだけに、女性の方がこれらの世界に入るだけの素養なり資格を自分は持っていない、という先入観が本人にも周りにも残っている。したがって、自分から進んでそれに挑戦しようとする環境になかったのである。徐々に女性比率の高まっていることを女子学生に示して、これらの職に就くような努力をするように、社会と教育界がアドバイスをする必要がある。

第3に、高度な専門職であっても女性にはまだ差別があると女性側は思っている。したがって社会全体として女性差別をなくする運動を強力に推進する必要がある。

第4に、性別役割分担意識もまだ残っているだけに、高い所得を女性が稼ぐ必要はなく、女性が働くとしても家計の補助になる程度の賃金・所得を稼げる職業でよい、との風潮がまだある。

第4章

超高学歴、高学歴、低学歴は何が違うのか

1 女性教育の歴史と現状

女性の学歴と幸福は相関するか

第2章では既婚女性で働いている人の幸福を議論してきたが、ここで女性の学歴と幸福の関係について考えてみよう。

男性、女性を問わず、学歴の高い人ほど幸福感は高いであろうと想像しがちである。まずは高い学歴を望んだので、例えば大学に進学したいと希望したところ大学に進学できたので幸せを感じるだろうと予想できる。しかも就きたい職業にも就ける可能性は高いし、高学歴が高い所得を保証する程度が高いのも事実であり、一般に高学歴者ほど高い幸福度を抱いているだろうと想定できうる。

ところがである。幸福研究のいくつかは、必ずしも高学歴を保有している人が高い幸福を感じているとは言えない、と主張している。あるいは学歴と幸福度には直接的な相関がなくて、もし高学歴者が高い幸福を感じているのであれば、他の要因（例えば家族関係や人生の楽しさなど）が幸福度を高めている。そういう人にたまたま高学歴者が多いので、あたかも学歴と幸福に相関があるように見えてしまう、との解釈がありうる。所得の高い人の幸福度は一般に高いが、高学歴は高い所得を与える可能性が高いので、所得という変数もここで述べた他の要因の有力な候補の一つである。

アメリカでは学歴と幸福の関係についての研究がいくつかある。例えばRoss and Van Willigen（１９９７）は、長い教育年数を重ねても幸福への直接効果はほとんどなく、あったとしても幸福度の分散をほんのわずかに説明するにすぎない、と結論づけている。ボック（２０１１）もこの研究に関係づけて、確かに教育年数の長い人（例えば大学進学者）には高い報酬の仕事に就く可能性が高いので、高い幸福への間接効果はあるが、大学教育自体がその人に充実した生活を送れるような教育を施したからではないとして、学歴と幸福の間の直接的な関係を認めてはいない。

行動経済学の開拓者の一人であるカーネマン（Kahneman）と共同研究者（２００４）は、第2章の冒頭で筆者が提供した情報、すなわち日本人は働くことによって生活への満足度を感じる程度は減少しているという事実を、別の観点から説明している。すなわち、人々が日々の生活から楽しさを感じるのは決して仕事ではなく、余暇、運動、家族や友人との食事や付き合いからである、と結論づけている。

仕事からの満足度が低いのであれば、たとえ質の高い仕事に就いて高い報酬を得ていたとしても、満足度ないし幸福度は高くない可能性があると言い換えられる。高い教育を受けた人は、一般論として報酬の高い職業に就くのであるが、そういう人であっても日々の生活満足度は高くないことがありうると想定できる。これまた学歴と幸福の直接的な相関を主張できない証拠となる。

日本人の幸福度と学歴

では日本の研究はあるのだろうか。既に紹介した橘木・高松（２０１８）は既婚女性で働く人に関する包括的な研究であるが、日本人全体で評価するとどうであろうか。まずは大竹・白石・筒井（２０１０）によると、学歴の高い人ほど幸福度が高いという事実を得ているが、その解釈として高い学歴の人は高い所得を得ていることが直接の原因であるとして、学歴の効果は間接的に影響を与えているにすぎない可能性を示唆した。

橘木（２０１３）は男女別と学歴別に幸福度の違いを分析して、次のような結果を図４−１で示した。これにはそれぞれの学歴別に、心理特性の図も付け加えた。まずは女性の方が男性よりも幸福度が高く、その差にはかなりのものがある。次いで学歴別に調べると、もっとも幸福度の高いのは大学院修了者と短大・高専卒であり、幸福度が落ちての四大卒、さらに平均以下の幸福度を示しているのは、専門学校卒、高校卒、中学卒であった。特に中学卒が一番低かった。なお、大学院卒の標本数は少ないので、信頼性に欠けており、ここでは解釈の対象から外す。

ここでの事実でもっとも興味深い発見は、短大・高専卒が四大卒よりも幸福度が少しではあるが高いことと、中学卒の幸福度がとても低いという二つの事実である。中学卒に関しては、家庭の経済事情で高校に進学できなかった人も多いだろうから、低い幸福度は気の毒である。意外なのは短大・高専卒の方が四大卒よりも幸福度の高い事実である。四大卒の女性は魅力のある職業に就ける可能性は高いだろうし、それに伴って収入も高いと考えてよいのに、四大卒の人の幸福度の方が短大・高専卒の人より低いのである。

通常の想定とは異なるこの事実を解釈するための情報をいくつか提供しておこう。第1に、これまで述べてきたことの多少の繰り返しになるが、特に日本人においては大学進学によって得られる恵まれた職業や報酬によって幸福感を決めているのではなく、他の要因（例えば家族や友人のことや人生の楽しみなど）に基づいて決めている程度が強いので、必ずしも高学歴者に高い幸福感を生むとは限らないのである。短大・高専卒の人は他の要因に恵まれているので、幸福感が高いと想定できる。

第2に、では短大・高専卒の人はどのような生活体験をしているから幸せなのか、というのが具体的に何であるかを述べておこう。それは一つには四大卒の人は仕事が複雑だし責任の高いことを任されることが多く、それによってストレスのたまることがあり、不幸感を高めてい

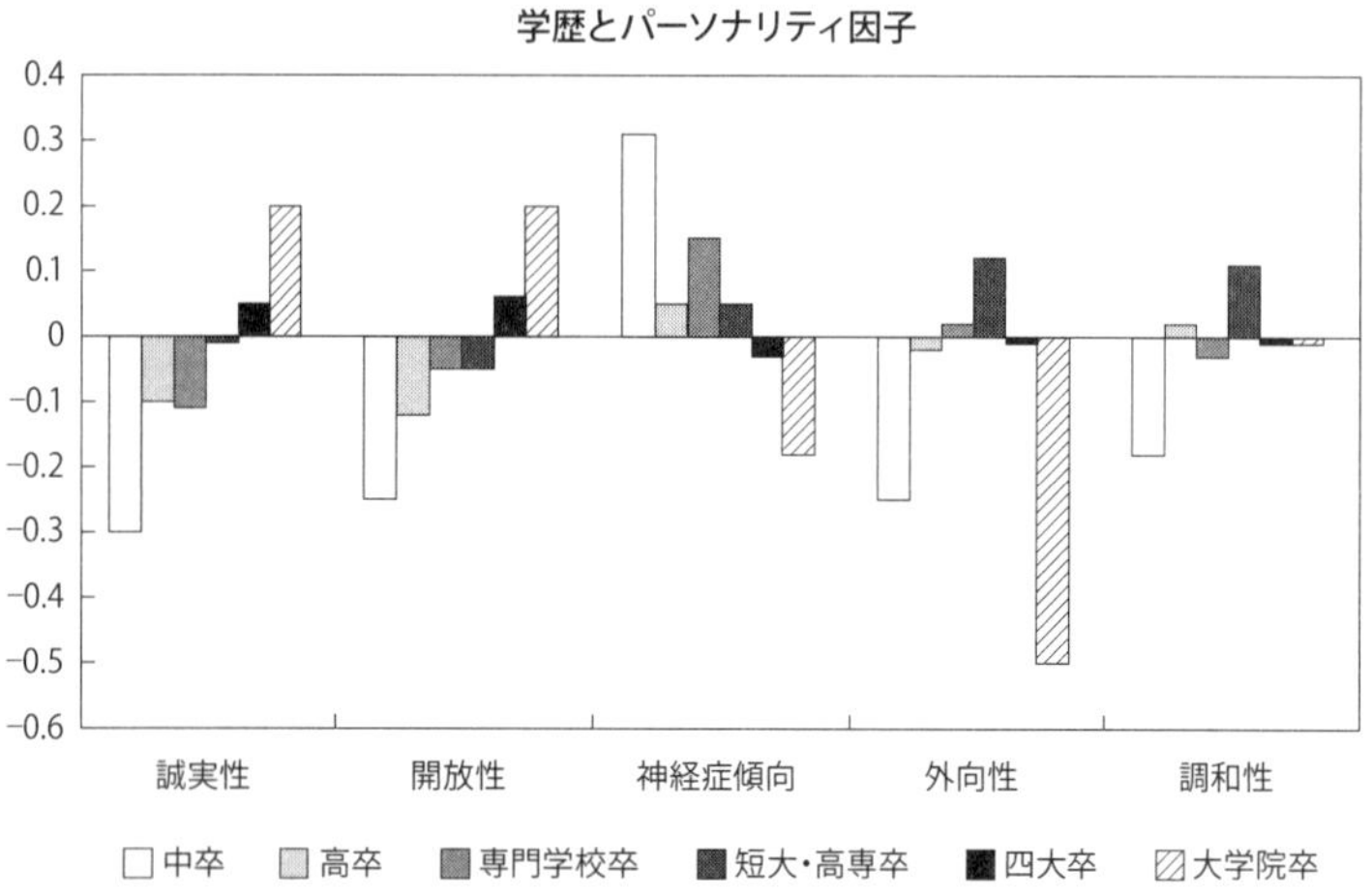

出所：橘木（2013）

ると考えられる。

第3に、図が示すように短大・高専卒は人の性格として外向性や調和性が高く、これらの性格の良い人は心理学上からも高い幸福感を持つ傾向が強くなるとされている。では人の心理・性格は学歴別になぜ異なるのか、と問われれば、心理学の素人である筆者は答えられない。明るい人、あるいは他人とうまくやっていける人はなんとなく幸せを感じる程度が強いだろうな、と直感として理解できるのではないかとだけ述べておこう。

第4に、本書との関連からすると、では男性と異なり女性の短大・高専卒の方が四大卒よりもやや幸福度が高い、と主張できるかということに関心

図4-1　日本人における男女別と学歴別の幸福度

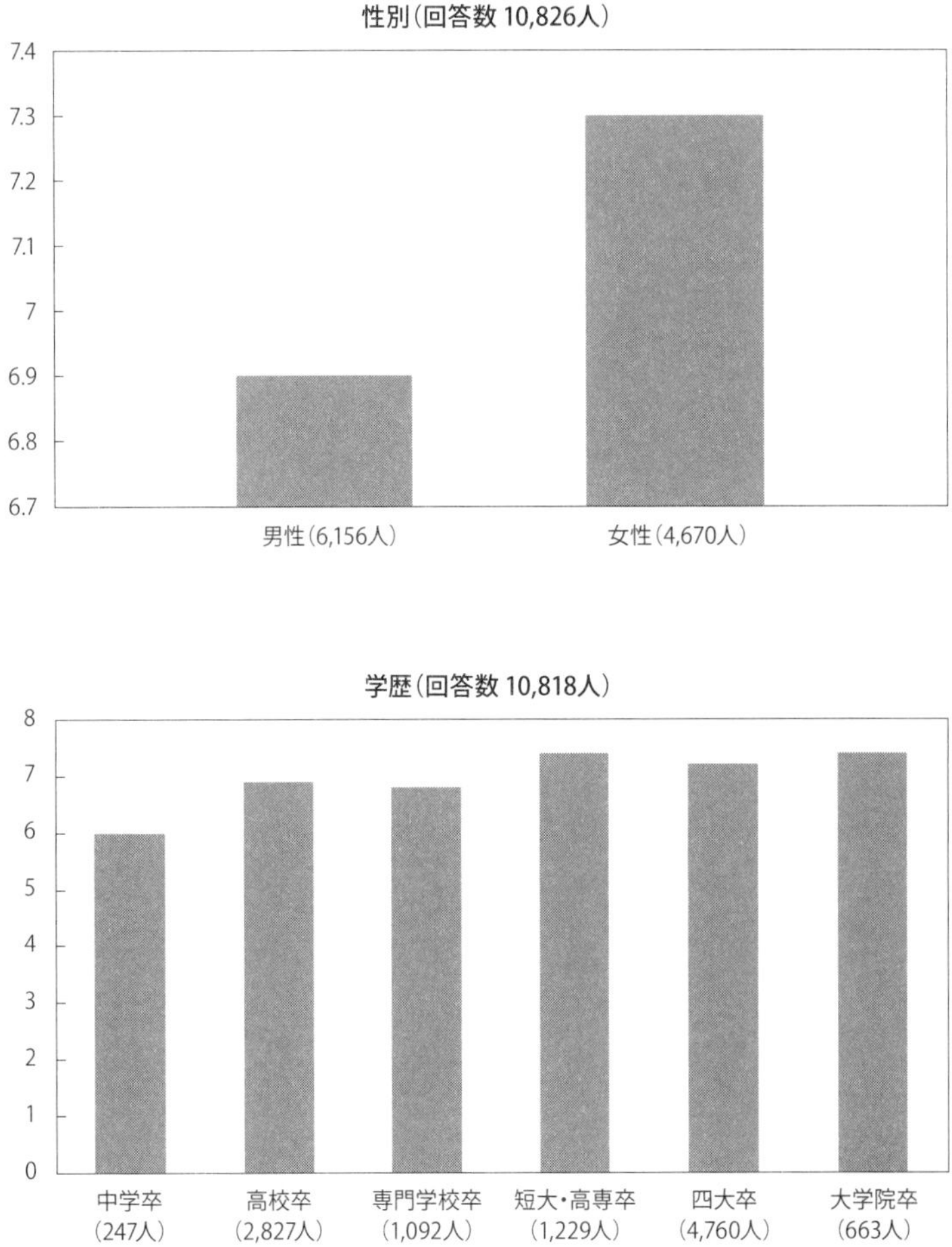

が移る。厳格にこの命題を検証するには、個票を分析して質の高い数量分析を行う必要がある。とはいえ、この図からもある程度のことが言える。それは男性と女性を比較すると、女性の方が男性よりも幸福度がかなり高いので、短大・高専卒の人が女性には数が多いという事実を考慮すると、女性においても短大・高専卒の方が四大卒よりも幸福感は強い、とほぼ確実に言えそうである。しかし繰り返すが、厳格な証明と説明のためにはもっと細かい分析を必要とする。

第5に、では女性においても短大・高専卒が四大卒よりも幸福感の強い理由を考える必要がある。後に述べることであるが、短大・高専卒、あるいは高卒の女性の方が、大卒の女性よりも幸せな結婚・家庭生活を送っている可能性が高い。もっと重要なことは、この章の前半で述べたように、仕事に一生懸命になっている女性（大卒女性に多いと考えてよい）の幸福度はそう高いとはいえないが、短大・高専卒の人は仕事でバリバリ働くよりも家庭での幸せを求めていると考えられ、仕事と家庭をうまくバランスさせているので、幸福度が高くなる可能性が高いと考えられる。

最後に加えておきたいことがある。幸福感の程度は年齢による差が無視できない。一般に高齢になるにつれて幸福感が高まるのである。ここでの標本は年齢によるコントロールをしていないので、短大・高専卒に中年の女性がやや多いことを多少は割り引く必要はあるが、結論までを変える必要はない。

女性学歴のこれまで

現代の女性学歴の特色を本格的に論じる前に、戦後から今まで女性の教育はどう変遷してきたかを簡単に見ておこう。それを知ることによって、現代の女性学歴の姿をより正確かつ新鮮に理解できるからである。

（1）高等教育においては、四年制大学での女性の進学率は男性よりもかなり低かった。1970（昭和45）年では女性が6・5％、男性が27・3％、1990（平成2）年では女性が15・2％、男性が33・4％と大きな差があった。しかし短期大学では1970年で女性11・2％、男性2・0％、1990年で女性22・2％、男性1・7％であった。

高等教育を四年制大学に限定すると、過去は圧倒的に女性の進学率が低かったが、短期大学（二年制）を高等教育に含めると、1970年で女性の進学率は17・7％、1990年で37・4％となり、男性の短期大学進学率が非常に低かったので、男女間の格差はかなり縮小された。

以上をまとめると、四年制大学は男性が中心、短期大学は女性が中心というのが、戦後の長い間にわたる日本の高等教育の姿だったのである。その主たる理由は、家計所得がまだ充分に高くなかったことと、女性よりも男性の方に、将来の職業生活を全うせねばならないので、高

い教育は有利に働くという意識が強かったからである

（2）短期大学において女性は何を学んでいたかを調べると、それは家政学と文学であった。表4−1によると、79・5％の女子学生が文学（23・9％）と家政学（55・5％）の専攻であった。文学とは、文学、歴史学、社会学といった人文系の学問をさし、教養を高める目的があった。家政学とは、被服、食物といったように、家庭生活で役立つ学問である。これを多くの女性が学んでいたという事実は、女性の役割を家事と育児に特化すべく、良妻賢母を育てるのが女性教育の目的であるとの社会的通念が、良かれ悪しかれ強かったことの名残りである。

（3）女子教育に関しては、共学の大学と女子大学（女子短大を含めて）の併存という特色があったし、今でもそれが続いている。女子大学は戦前における男女別学の伝統が、戦後になっても女子高、女子短大、女子大として存続し、男子校は高校を除いてほぼ消滅して男女共学になったという歴史的経緯がある。なお四年制大学においても女子大学は多数存在するが、女子短大の存在の方が数としては非常に多かったのである。

外国のことを一言述べれば、ヨーロッパでは女子大学はほぼ消滅し、先進国ではアメリカではまだ女子大学は存続しているが、共学化の波があってその数は減少している。東アジアでは韓国が日本と同じで、女子大学は存続している。

（4）名門大学、あるいは入学の困難な大学においては、過去は女子学生の比率は低かっ

表4-1　短期大学における設置者別専攻別男女学生数（1960年）

（人）

	国立		公立		私立		計	
	男子	女子	男子	女子	男子	女子	男子	女子
文学	334	50	295	1,594	2,398	11,470	3,027	13,114
法政商経	2,644	107	2,542	427	7,626	1,276	12,821	1,810
理学	0	0	0	64	0	135	0	199
工学	3,228	26	1,488	6	4,326	126	9,042	158
農学	0	0	528	15	626	184	1,154	199
看護	0	0	0	59	0	406	0	465
家政	0	0	7	3,153	29	27,319	36	30,472
体育	0	0	0	82	0	1,374	0	1,456
教員養成	0	0	65	410	50	3,894	115	4,304
芸術	0	0	17	63	452	2,633	469	2,696
計	6,206	183	4,942	5,873	15,507	48,817	26,655	54,873

資料：『学校基本調査報告書』より作成
出所：小山（2009）

た。東京大の「学内広報」によると、１９８０（昭和55）年では、女子学生比率は５・９％にすぎなかった。同じ年の四年制大学における女子学生比率は22・１％だったので、いかに東大に入学する女子学生の数が少なかったかがわかる。これは大なり小なりほかの有名国立大、私立大に関しても同じであった。

なぜであろうか。まずは当時はまだ女性の四年制大学への進学率が高くなかったので、そもそも受験者数が多くなかった。さらに、女性は将来に職業生活を全うしたいという希望がそう強くなく、学歴社会である日本の実社会で生きるために有利な名門大学への進学にさほど関心がなく、名門大学に進学したいと思う人が少なかった。

一つの象徴的な話題を書いておこう。今は70歳を超している某大学の女性名誉教授が、高校時代に東大への進学希望を親に告げた。すると母親から涙ながらに、「お嫁入り先がないので、東大だけはやめてほしい、どこかの女子大に進学してほしい」と懇願されたのである。本人はそれを受け入れず東大に進学して、卒業後は学者になったし、結婚もしたのである。1980年代から90年代以前は、こういう雰囲気が強く、勉強のよくできる女子高生であっても、入試の困難な大学を目指す人は少数だったのである。

現代における女性の高等教育

女性の高等教育に関してこれまでの歴史を把握した上で、時代とともにどう変化したかを知るために、現代の事実を分析しておこう。

（1）文部科学省の「学校基本調査」によって、男女別に四年制大学、短大への進学率がわかる。2018（平成30）年度では女性の大学進学率が50・1％、男性が56・3％であり、短大進学率は女性が8・3％、男性が1・0％である。高等教育を四年制大学に限定すれば、女性の方が男性より6・2％ポイント低いが、高等教育を四年制大学と短期大学の二つの総合とみなせば、女性が58・5％、男性が57・3％となり、ほんのわずかであるが女性が1・2％ポイント高い。

これまでの進学率と比較すると、次の点が明らかである。第1に、四年制大学の進学率はここ数十年、非常に速いスピードでの増加が女性に見られるし、今ではもう約半数の女性が四年制大学に進学する時代である。

第2に、この急速な女性の増加率は、短大進学率の減少が一つの原因である。これはその結果でもある。すなわち、過去であれば経済的な理由でもって短大であきらめていた女性が、家計が裕福になったので四年制大学に進学するようになったと考えてよい。これに加えて、女性が将来の職業生活を考えて、より技能を高められそうで、かつ水準の高い大学で勉強したい気持ちが強くなった理由もある。さらに、企業側も短大卒に替えて、大学卒を多く採用するようになった事情も無視できない。

第3に、女性に高等教育は必要ない、という通念を打ち消すように、四年制大学と短大を合計した高等教育で評価すれば、わずかとはいえ女性の方が男性よりも高等教育への進学率が高いのであり、これは日本社会の大きな変化であると強調しておこう。女性の学問習得意識が強くなった時代にあるし、就業のために技能を学びたい意識が女性の方がやや強い、との解釈が可能である。もっとも、繰り返すが四年制大学のみを高等教育と見なせば、まだ女性の進学率が男性よりも少し低い。

図4-2　大学における男女別の専門科目比率、理科系、文科系、文理共通と各学部別比率

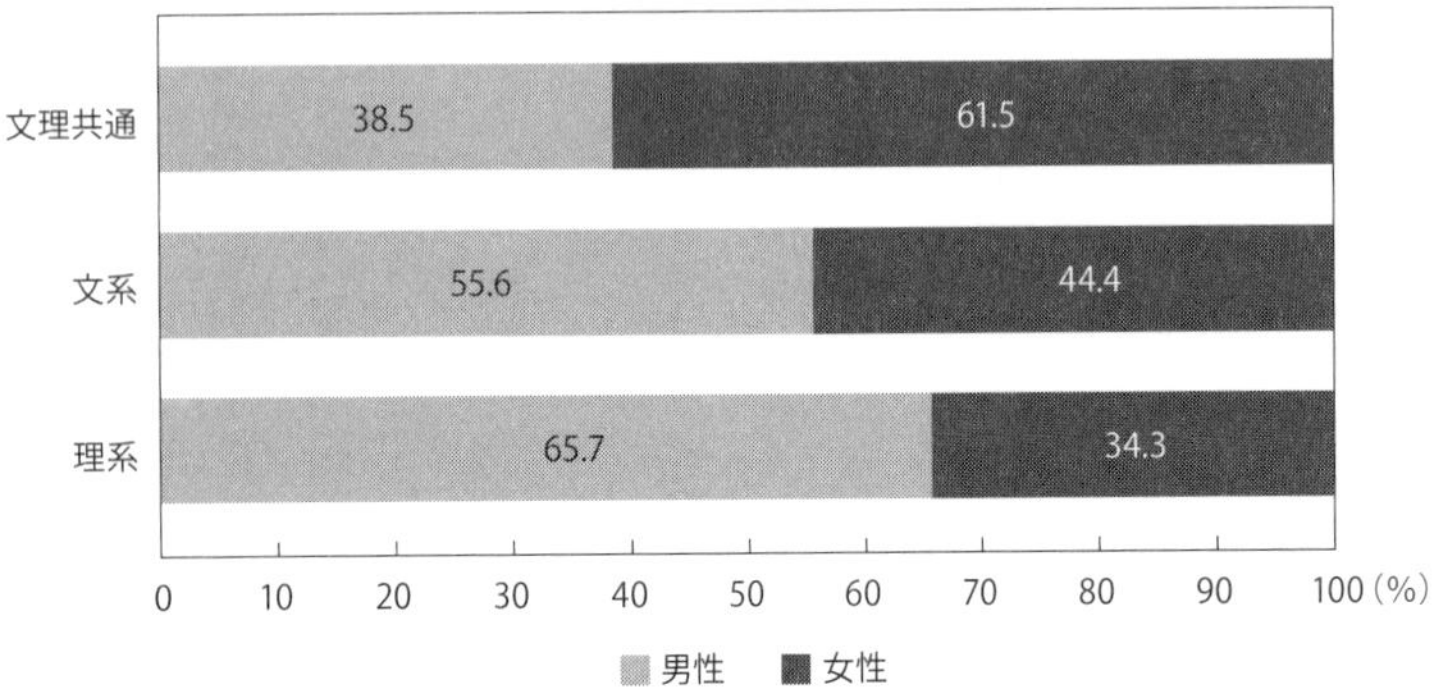

注：「理系」…「理学」、「工学」、「農学」、「保健」。
　　「文系」…「人文科学」、「社会科学」、「人文・社会科学」、「国際関係学（国際関係学部）」。
　　「文理共通」…「文系」と「理系」以外の分野。
出所：文部科学省『学校基本調査』平成27年度

短大を含めるかどうかで微妙な差はあるが、高等教育を受ける人の比率として、現代では男女差はほぼないと結論づけられよう。この意義は大きいが、女性が高い教育を受けるようになれば、別の新しい効果をいろいろ生んでおり、それらを議論することが本書のこれからの目的である。

（2）大学で学んでいる専攻科目はどうであろうか。これも文科省の「学校基本調査」でわかる。図4－2は理科系と文科系別に、そして学部別、あるいは専攻科目別に、在籍大学生の専攻科目を示したものである。まずは理科系、文科系、文理共通という大枠で比較すると、理科系は女性34・3％、男性65・7％であり、文科系は女性

図4-3　学部別に見た男女比率

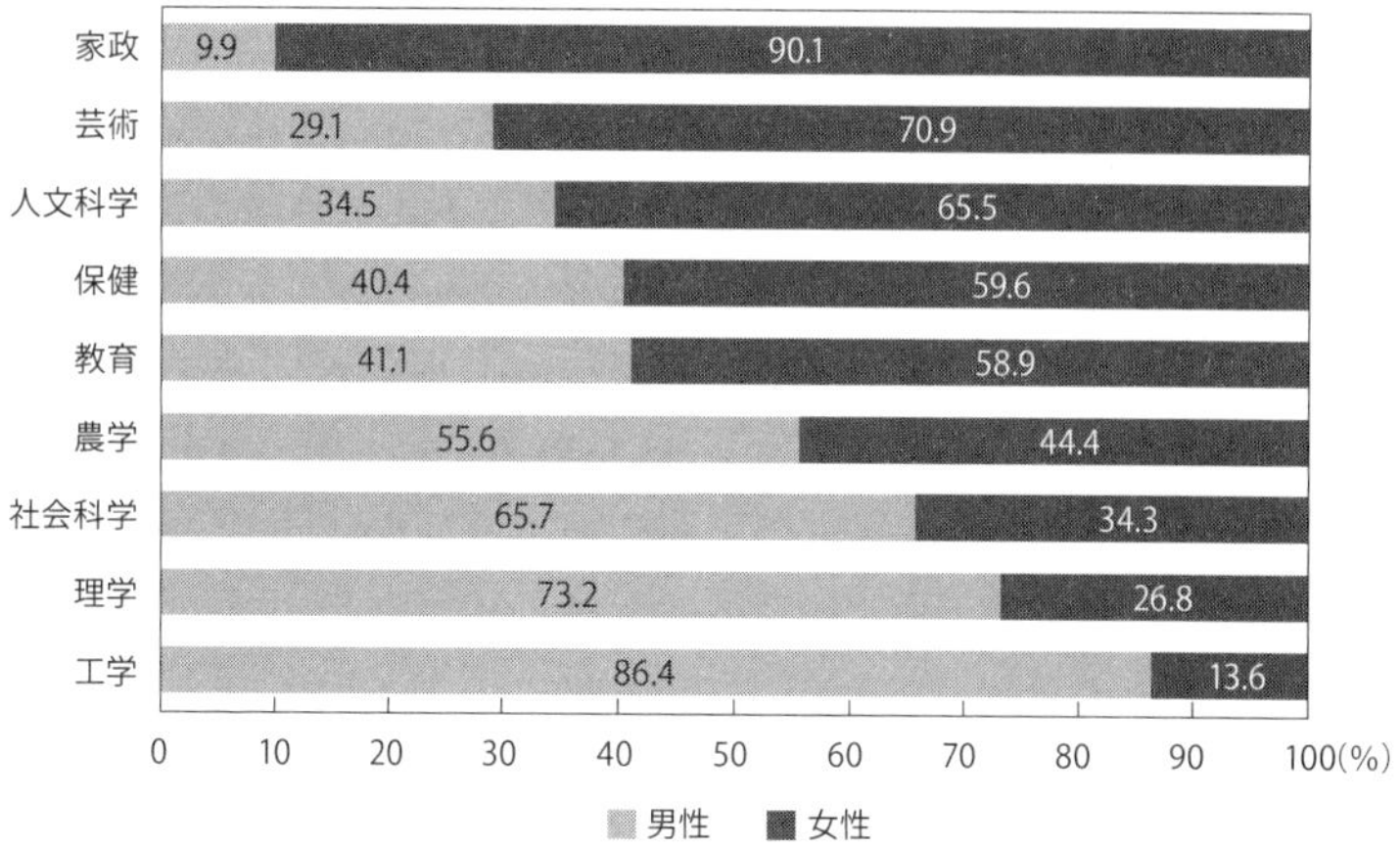

出所：文部科学省『学校基本調査』平成27年度

44・4%、男性55・6%である。理科系ではかなりの男性優位・女性劣位であり、文科系ではその比率は変化するが、まだ男性優位・女性劣位である。両方ともに男性優位・女性劣位は、そもそも大学生の数として、既に見たように男性が女性よりも少し多いことが響いている。ちなみに、文理共通系については女性61・5%、男性38・5%であり、かなりの女性優位・男性劣位である。ところで、ここで理科系とは、理学、工学、農学、保健等が該当し、文科系とは人文科学、社会科学、国際関係学等が該当する。文理共通系とは、ここで挙げた以外の科目が該当する。

もう少し細かい科目別の男女差を、

図4−3で見てみよう。もっとも男女比の異なるのは工学で、女性13・6％、男性86・4％であり、逆の極端は家政であり、女性90・1％、男性9・9％である。工学は理科や数学の応用だし、卒業後は力仕事の製造業の現場を想像させるので女性に嫌われているし、家政は日本伝統の家事・育児は女性の仕事という風潮が残っていることによる。

興味深いのは理学であり、これも工学に近いので女性に嫌われているし、芸術はまだ女性の比率が家政ほどではないが、かなり高い。芸術は音楽、絵画などを学ぶのであり、食べるための職業としての仕事を見つけるのが困難である、との事情が響いている。逆に言えば、自分の趣味を生かす科目を勉強できる女性は幸せであるとも解釈できる。

女性が男性よりも少し比率の高いのは、人文科学、保健、教育である。人文科学は文学、歴史学、語学といった科目なので、伝統的には女性の好む科目であったし、保健はもともと看護師は圧倒的に女性の職業であった伝統と、薬学への人気の高さが残り、教育は教師になることへの人気の高さで説明できる。

男性が女性より少し多いのは、社会科学と農学である。もともと法学、経済学、商学といった科目は男性が中心であったが、最近になって女性専攻者の増加が目立っている。農学は男女でほぼ差がないと見なしてよく、女性の農学人気の高さは特筆してよい。農芸化学や農業生物学などへの人気が女性の間で高いのである。

高校・大学界は女性が理工系に進学しない事実を憂慮して、「リケジョ」という俗語まで造って、なんとか理工系に女性を進学させようとしているが、そう簡単に成功していない。女性が真に理数系の科目が不得意なのか、機械いじりが嫌いなのか、それとも製造業で働くことを嫌っているのか、真の理由を探求して政策を考える時代になっている。

現代では中学生の数学の学力にはほとんど男女差がないか、むしろ女子中学生の方が男子中学生よりも少し高いという報告もある。それが高校・大学になれば続かない理由は筆者にはわからない。むしろ、機械、電機、土木、建築、化学といったように、体力を必要としてかつ環境が未整備の職場を連想させる仕事のやり方を嫌っているのかもしれない。大学界、産業界はこれらを女性に好まれる姿に持っていく努力が必要なのかもしれない。

一つの光明は医学の分野における女性進出である。現在では女性が32・9％、男性が67・1％と、女性がほぼ3分の1の学生比になっている。医学部入試の困難さが増している今日、非常に良い傾向にある。これら学力の高い女性が、もう少し理工系に進出するようになれば、リケジョの数はもっと増加するのである。大学入試において、医学部への入学は女子に不利になっている事実が今日明らかにされているところなので、女子の健闘は称賛されてよい。とはいえ、結局は製造業において女性が働きやすい環境をつくるのが、もっとも有効な策かもしれない。

女子大学で学ぶ女子学生

女子大学で学ぶ人に話題を移そう。現在、日本の四年制大学は７８０校前後であるところに、女子大学は78校ほどあるので、大学比率でいえばほぼ10％前後である。なお短期大学は３３３校あるが、これまで見てきたように短大は日本の教育界ではその役割を低下させているので、ここではさほど述べない。むしろ関心は女子大学で学ぶ人と、共学大学における女子学生にある。

全大学生に占める女子大学で学ぶ学生数も、学校数と同じでほぼ10％前後と計測される。とはいえ、21世紀に入ってから数年間に女子大学が共学大学になった例が何校かあった。一時は共学化はブームの感すらあったが、現在では少しそのブームも沈静化している。将来を予想すれば、女子大学数、女子大学で学ぶ学生数はそれほどの変化はないであろう。

共学大学において女子学生比率がどうであるか、その歴史と現状を見ておこう。それらは各大学のＨＰよりわかるので、その変化を述べてみよう。

まず歴史に注目すると、すべての大学で女子学生比率の増加が見られるが、私立大の増加率が国立大のそれよりもかなり速い。すなわち、国立トップの東京大と京都大はここ30年の間にそれぞれが５・０％ポイント弱、９％ポイント弱の増加にすぎず、かなりスピードが遅いし、現状でも20％前後の水準とかなり低い水準である。

一方の私立大はほとんどの大学で10％ポイントを超える増加率であるが、大学による差は大きい。例えば南山大は30年前に53・8％の高さだったので、今は55・6％ということはほとんど変化がない。似たことは西南学院大にもいえて、わずか16％ポイントの増加である。これら二つの大学は地元では名門私立大の呼び声が高く、昔から女性人気の高い大学だったのである。関西地方の名門私立同志社大と関西学院大は似た動きをしていて、双方ともに16～17％ポイント増加である。

私学のトップ、早慶（早稲田大と慶應義塾大）はどうであろうか。双方ともに似た様相を示している。すなわち30年ほど前はともに女子学生比率が21・1％と24・0％であり、ほとんど差がなかった。それが今では37・5％と36・5％に増加しているので、12～16％ポイントの増加である。関西の名門私大と同じ増加率であるが、現水準では早慶が6～10％ポイント低いので、関西の共学大学の女子化がより進んでいると解釈できる。

次に現代における、国立大と私立大の比較をしておこう。ここで記述したのは国立大は旧制帝大を中心にした本書で言う難関校、一般的には名門校であり、既に東大と京大で見たように他の国立大でも女子学生比率が低い。入学試験が困難であると女子学生比率が低くなると言えそうである。

一方の私立大はどうであろうか。既に東京、関西、九州の名門校は見たが、ここではいくつかの私立大を見てみよう。私立大の中で女子学生比率の高い大学は、上智大（59・5％）、立教大（53・6％）、明治学院大（60・5％）、青山学院大（49・9％）など、東京の有名私立校が軒並みならんでいる。これらの大学名を知るにつけ、キリスト教系の大学であることが明らかである。女性には、なんとなく上品でモダンなイメージがこれらの大学の人気の高さなのだろう。

実はここで挙げた大学以上に女子学生比率の高い大学がある。表では示さないが『大学ランキング２０１９年版』から知ることができる。一番女子学生比率の高いのは愛知淑徳大（73・4％）であるが、この大学は元々は女子大が共学化したのであるから、共学化してもしばらくは男子学生が多く入学してこないのは明らかである。次いで国際医療福祉大（66・4％）であるが、看護師や医療技師の養成学校なので、伝統的に女性が多い。3番目に多い大学は関西外国語大（65・2％）であるが、文学や語学を学ぶ女性の数が多いことの反映である。

一方で女子学生比率の低い大学を列挙すれば、東海大（26・8％）、神奈川大（28・8％）、近畿大（30・2％）、名城大（30・6％）、日本大（31・7％）などであり、これらの大学の特色を述べれば、失礼にあたるかもしれないが、男臭いイメージとなんとなくバンカラの色彩があるとの印象が持たれているかもしれない。

これら両極にある大学とは別に、私立大の平均をとれば女子学生比率は45〜50％と見なせるし、多くが40〜55％の中にいる。女性の四年制大学進学率が50％前後に達していることと、日本では私立大学で学ぶ学生が全学生数の75％前後を占めているので、ここで示した女子学生比率の数字が当然の数字と解せる。

共学大を選ぶか、女子大を選ぶか

これまでの記述で、日本の女子大生が共学大で学ぶのか、それとも女子大で学ぶのかの現状がわかったが、ここでは学生の選択基準を考えてみよう。いくつかの基準を指摘できる。

第1に、もし特定の学部を希望する女性がいれば、女子大ではなく共学大を選ばねばならない。例えば、工学部、農学部、経済学部を持っている女子大はほとんどないし、医学部なら東京女子医科大、法学部なら京都女子大という一校しかないので、こういう学問を学びたい女性は共学大を選ばねばならない可能性がとても高い。数学、物理、化学、生物といった理学系は、女子大の理学部（例えば国立大のお茶の水女子大や奈良女子大）、教養学部や文理学部で学ぶことは可能なので、制約はそれほど強くなく、女子大で学びたい女性にはそれを望むのなら開かれている。

第2に、一方で旧来は女性が多く学んでいた家政学部は共学校ではさほど設置されていなかったので、女子大を選ぶ可能性が高かった。しかし、被服、食物といったことを教える家政学部は、時代に沿わないイメージが強く感じられるようになったので、生活科学部といった名前に変更している大学がある。たとえ名称の変化はあってもまだ女子大にはこの学部への志望者は相当にある。

第3に、女子高で学んだ生徒は女子大に進学する確率が高かったが、高校が男女共学に変わるケースが増加したので、共学高校で学んだ女子学生は、共学大学に進学したいと希望する人が増加した。一方で、女子高の中には上部に経営母体が同じ女子大を持つ学校があり、内部基準による推薦制度を設けている女子大が多いので、そのまま上の女子大に進む人もいる。

第4に、第3で述べたことを別の視点から解釈すると、若い人の間で男女別学校で学ぶよりも、共学校で学びたいと希望する人が増加したといった一般的な傾向がある。女子大不人気の高まりの一要因がそこにある。なぜ共学を志望するのか、種々の理由がある。まずは男性と交じって厳しい競争をしたい、世の中は男女が一緒にいる社会なので、学びの場所もそれが自然とみなす、男性のいる方がボーイフレンド（あるいは結婚相手）が見つかる可能性が高まる、などがある。

第5に、では強い共学志向の中でなぜ女子大に進学する女学生がいるのか。これにも様々な理由がある。親が女子大進学を勧める、共学校の入学を希望したが入試に失敗したので第2志望あるいは第3志望として入学した、自分が学びたい学問（例えば家政学や栄養学など）は女子大にしかない、などである。

親が女子大進学を勧めるという理由は、かなり重要である。特に地方で育った娘を持つ親は、都会の大学（特に共学大学）に出て一人住まいをすると、防犯面・生活面の心配をせねばならないと思っている。あるいは親の意に合致しない男性との結婚を申し出てくる可能性を心配している。そこで都会の女子大はそういう学生を収容するために寮を準備して、寮生活を送れるようにしているのであり、地方の親はそういう寮に入って学生生活を送るなら、大学進学を認めるという風潮がまだ少しながら残っている。

第6に、女子大側の主張として、社会はいまだに男性優位なので、共学大学で男性と一緒に学ぶと、どうしてもリーダーシップを男性が取り、女性はそれに従わねばならない雰囲気がある。そうであれば女性が将来にリーダーシップを取れるような素養を身に付けられない。そこで女性ばかりの女子大であれば、意図的にリーダーシップを取れるような人を育てられるし、実際に女子大ではそれに成功していると宣伝することもあった。

実は10～20年前にアメリカにおいて共学校か女子大かが論点になったとき、女子大側はこれを女子大の魅力として宣伝に努めた経緯がある。例えば女子大の名門、ウェルズリー大学は、アメリカでの第64代国務長官になったマデレーン・オルブライト、第67代国務長官のヒラリー・クリントン（クリントン大統領の妻でもあり、民主党の大統領候補にもなった）の名前を挙げて、女子大における教育のメリットを主張していたほどである。

この女子大側のエリート養成に役立つという主張が、大学進学をする女子学生にどれだけ魅力として映るのか不明であるが、女子大側はこれを宣伝することがあると知っておこう。

資格志向の高まり

女子学生の四年制大学進学者に関するもう一つの特色は、何らかの資格取得希望者の多いことである。そのことを表4－2で理解しておこう。これは東大において2018年度での専攻学部別の女子学生比率を示したものである。もっとも高い比率は教育学部の36・2％であるが、これには二つの要因が絡んでいる。第1は、教育学は文科系なので、従来より文科系志望者の多い女性の選択肢の中にあった。第2は、女性に人気の高い教員免許を取得するのに好都合なので、資格を取得する希望者としての女子学生がいる。

次に高い比率は教養学部の29・9％であるが、この学部は女子大にも多いリベラル・アーツ学科の典型なので、東大で女子比率の高いことは不思議ではない。文学部が26・9％と高いのも、教養学部と同じように、元々女性が学ぶ学問としての地位が高いことの反映である。

第3に、女子学生に資格志向の強いことは、薬学部の29・0％、法学部の21・2％、医学部の20・2％という比較的高い比率でわかる。すなわち、薬剤師、官庁と裁判官や弁護士という司法関係者、医師、教員というように、資格試験を受けることのできる学部に女性が多いのである。

日本企業であればまだ女性への差別があることを女性はよく知っていて、採用や昇進にとっ

表4-2　東大における学部専門課程学生の女子学生比率（2018年度）

課程	学部	学部学生（人）			女子比率（%）
		男	女	小計	
後期課程	法	710	191	901	21.2
	医	408	103	511	20.2
	工	1,931	231	2,162	10.5
	文	606	223	829	26.9
	理	552	85	637	13.3
	農	484	171	655	26.1
	経済	615	135	750	18.0
	教養	350	149	499	29.9
	教育	146	83	229	36.2
	薬	132	54	186	29.0

出所：東大HP

て不利であるが、医薬関係や公務員・司法関係は資格試験という本人の試験結果だけで評価されるということに女性が魅力を感じているのである。その証拠に、工学・理学・農学・経済学部のように卒業後に企業に就職する可能性が高い学部には、女性はさほど進学していないことをこの表は如実に示している。もっとも、工学・理学・農学・経済学部という学問はもともと女性に人気のない学部だったことも響いている。ただし理学と農学は専門職になれる可能性があるので、最近は女性の進学に人気が高まっている。大学卒業の女性にとって、できれば専門職に就きたいと希望する女性の多いことは、例えば脇坂・冨田（2001）、日本女子大学（２０１１）などでも統計的に示されている。

学歴社会は企業社会で希薄化する

日本の学歴社会の行方について、個人的な見解を示しておこう。いわゆる名門校・難関校の出身者が有利であるという学歴社会は、現在までは広範囲に見られることであるが、今後は徐々にではあるが希薄化するであろうと予想している。そう判断する明確な根拠をいくつか述べておこう。

第１に、企業や役所における人事評価の方式が、能力・実績主義に変化しつつあることは、学歴主義のはびこる余地を減少させる可能性が大である。その証拠に、企業においてトップになる社長や役員の学歴が、以前のような名門校卒業が多数派でなくなり、いろいろな大学の卒業生が経営者になっている兆しがある。中央官庁においても、以前のような東大法学部出身者が次官や局長を占有する時代でなくなっている。

ただし、企業や役所において入社や入省の際に学歴が有利に作用する可能性はまだ消失していない。なぜならば、会社が社員を採用する際に、入社希望者を選抜する基準として出身校の名前が重要な役割を演じるからである。まだ勤労経験のない就職希望者なので働きぶりで評価ができず、どれだけの学力を持っているかが選抜の基準になりがちである。むしろ学力の高さよりも、難関校に入学できるように勉強に励んだという、努力の成果を評価している側面もある。入社後もたぶん一生懸命働くだろうと予想できるからである。

中央官庁での採用においても、現在のような学科試験を中心にした採用方針であれば、難しい入試をパスしてきた大学の卒業生が、学力が高いだけ有利となる。現に現代の中央官庁における総合職（幹部候補生）の採用試験においては、昔ほどの東大法学部生の多さはないが、東大・京大などの旧帝大と早慶などの名門私大に合格者が多い。

ここで述べたことは、入社や入省に関しては、名門校・難関校の卒業生が学力に強いという点で有利に作用し続けるだろう、ということである。しかし、採用後の昇進に関しては、その後の働きぶり、指導力、協調性といったようなことが評価の基準となりつつあるので、学歴が基準として作用する程度はかなり低下するだろうと予想する。したがって、高学歴者は最初の入職段階で学歴社会の利益を享受できうるが、その後勤続を重ねると高学歴がさほど意味を有しない時代になるので、どこの学校を卒業したかといった学歴社会の果たす役割は基本的にこれまでよりは小さくなるだろう。特にそれは競争の激しい民間企業に当てはまることである。官庁の世界ではまだ競争はそれほど激しくないので、民間企業よりはその進展は遅れるであろう。

第2に、ここで述べたことは企業や役所において昇進に注目したことであるが、学歴が意味を有する分野は他に結構ある。例えば、技術、学術、司法、会計、医薬などのような、いわゆる専門職で働く人にとっては、これまで以上に学歴が重要になる可能性がある。どこの大学の卒業生かといった学歴そのものというよりも、どれだけ専門職の業務をうまくこなすことが可能か、という業務遂行能力と言った方がよい。高い業務遂行能力のためには、できるだけ高い学力と努力が期待されるので、専門職に関しては学歴社会の退潮がないだろうし、むしろ高まる可能性すらある。

女性においてこれらの専門職に従事する人の数が増加しつつあるので、女性にとって専門職においては学歴社会が希薄化することはないだろうと予想する。したがって、専門職を目指す女性にとっては、名門・難関大学という意味での高学歴を求めることには価値がある。

第3に、学歴社会を評価する際、新しい動きが日本で見られることを述べておこう。それは大学において異常なほどの医学部人気が高まっていることで示される。医学部進学への希望が高まり、どこの大学の医学部も偏差値が上がり、入学難易度が高まっている。これは国立大・私立大を問わずで、大学によっては、医学部の最低点が他学部の最高点よりも高いときがあるほどである。専門職の代表の一つである医師になるには、入試の困難な医学部に入学せねばならないという意味で、学歴社会の一つの顔であるとの解釈が可能である。

2 女性学歴の三極化

女子大生の二極化

四年制大学の名門大学で学ぶ女性比率が増加している現象については既に述べたが、これの意味していることを考えてみよう。従来の女子大生と異なる顔を持っていると理解できる。既に述べたように、専門職を目指す女性もいるし、一部は男性と伍して総合職を目指す女性もいる。

企業、特に大企業は女子の採用を総合職と一般職に区別して採用していたのである。この身分上の区別は新しい女性差別だとして批判の的となり、一般職を地域限定総合職というように呼び名を変えて総合職のような処遇をしている。しかし本質はそう大きく変わらない。前者は転勤があるし、将来の幹部候補生として会社の中枢の業務に就くが、後者は転勤がないかわりに補助的な仕事が多く、将来の昇進も限定されている。

学歴に関していえば、専門職とともに前者の総合職には、いわゆる名門の共学大学と女子大学の出身の人が多く、普通の水準の四年制共学大学や女子大学で学ぶ有能で、かつ意欲の高い女性も少数ながらいた。一方の一般職には、普通の四年制共学大学と女子大学の学生、そして短大卒の女性が就いていた。そして一般職の女性には、結婚・出産で退職する人がかなりいる。もっとも総合職の女性でも退職する女性が少なからず存在していた。このような専門職志向の高まりと、企業における身分の違いや、働き方の違いという状況を考えると、どちらの職を目指す女性が多いか少ないかの差によって、女子大生の間に二極化が進行しているといえるのではないだろうか。この女子大生に関するに二極化は、四年制の名門共学大学と名門女子大学で学ぶ女子大生と、それ以外の大学で学ぶ女子大生と短大で学ぶ女子大生の間で、顕著になった。換言すれば、名門大学で学ぶ女子学生とそうでない大学と短大で学ぶ学生の差を二極化と理解する。

この女性に関する学歴による差は、実はこれまでは男性については明白なことであった。男性が就職先を探すとき、どこの大学を卒業したかということはかなり影響したし、組織内の昇進においても学校名がかなりの役割を演じていた。これが日本での学歴社会の特色であった。このように男性について述べてきた学校名による学歴の意味が、女性についても顕在化しつつあるということを述べたかったのである。それが女子大生の二極化である。

女性学歴の三極化

ここで現代の教育格差を女性に関して認識しておこう。最近になって一部の女子学生の間で名門校・難関校に入学・卒業する人が目立ってきた。これらの大学では従来は男性がほとんどを占めていたが、女性の数がこれらの学校で増加してきたのである。このことを女性全体の見地からすると、少数のエリート的高等教育修了者と、非エリート大学と短大の卒業者というごく普通の高学歴者、そして高校卒業という低学歴者の三極分解と理解してよい。

もとより、名門校・難関校の女子大生はまだ社会の中枢として働く年代に達していない。これからこの人たちが社会の中堅、そして指導層になるときのことを想像しながらの話題である。まず当然予想できることは、経営者、管理職・専門職、高級官僚、学問、司法、医療、政治家などの広範囲の分野において、指導層になる女性の数が相当増加するであろうということだ。これまではほぼ高学歴の男性によって占められたポジションを、これら超高学歴の女性によって一部代替される可能性が高い。

しかし、この代替を予測可能にするための条件がいくつかある。これらの条件は、日本社会が今後どのような進路を歩むかということと密接な関係がある。

第1に、女性が働き続けるという慣習が定着するかどうかにかかっている。これまでの日本であれば、たとえ高学歴者であっても、結婚・出産によってキャリアを中途であきらめる女性がかなり存在していたので、この慣習が続けば期待されるほどに女性の指導者層は増加しない。これは女性がどのような人生を望むのか、そしてキャリアを続けたい希望を持つ女性に対して、社会がどれほどの子育て支援をできるか、そして夫たる男性がどのような態度をとるかにかかっている。これまでの時代では、こういう高学歴女性で社会で大活躍する人の一部は、結婚・出産をあきらめたケースが多々あった。

第2に、女性に対する差別がどの方向に進むのか、ということも重要な視点である。どの分野においても女性の採用や昇進の差別は存在していたが、エリートの高学歴女性が目指す地位では、特にその差別が激しい世界もある。例えば、上場会社のトップ経営者がその代表である。高学歴の女性がキャリアをまっとうする気があっても、差別という障壁が残っていれば指導者層になれる、という可能性は高くならないだろうと予想できる。

第3に、日本が学歴社会であり続けるか、ということもとても重要な論点である。非常に高い学歴を持った女性の数が増加することは確実であるが、彼女たちが社会の指導者層に到達するには、名門校・難関校の卒業生が有利であるとの学歴社会の風潮が続いている必要がある。もし日本がその特色を放棄するような時代になれば、非常に高い学歴を持った女性の有利性は消滅することになり、競争は混沌としたものになる。このことは、男性で非常に高い学歴獲得者にも当てはまることである。

3 三極化の具体的な意味

女性の教育がどのように変化してきたかをたどり、今後どのような方向に進むかを分析した結果、女性の教育格差は三極化の程度を深めるだろうと予想した。細かくいえば、上二つの上層部は一方で名門・難関大学に進学する少数の女性と、他方でごく普通の女子大を含む大学・短大に進学するかなりの数の女性に区分される。残りの下層部は高校・中学で終える多数派の女性である。これらを、（1）超高学歴層、（2）高学歴層、（3）低学歴層、と区分し、これを女性教育の三極化と呼んでおこう。これらの各層を簡単に描写しておこう。

超高学歴層

この層は大学に進学する女性の間でも、特に名門・難関大学に進学する人を取り上げる。男性であってもこれらの大学に進学する人は、学歴社会と言われる日本なので特別に扱うことも可能である。どのような大学がそれに相当するのか、批判を覚悟の上で述べておこう。国立大では、東大・京大などの旧帝大と、一橋大・東京工業大・神戸大・横浜国立大・広島大などと、お茶の水女子大・奈良女子大。私立大では、早慶と上智・東京理科大・ICUなどである。いわゆるGMARCH（学習院・明治・青山・立教・中央・法政）と関関同立（関西・関学・同志社・立命館）、津田塾大・東京女子大で学ぶ一部のトップ層の学生もこれに該当する。

しかし、前々節で述べたように企業や役所における人事管理（すなわち昇進）は能力・実績主義に移行しつつあるので、入職の段階ではどの大学を卒業したかの意味はまだ残るだろうが、総体的には学歴尊重主義は意義を失うだろうというのが筆者の予想である。しかし、専門職に関してはまだ学歴が重要であるし、能力の高い女性にこれら専門職に就く人が多くなりそうなので、ここで超高学歴層に着目する意味がある。

なぜ超高学歴の女性で専門職に就く人が多くなりそうなのか、いくつかの理由を私見として付与しておこう。逆にいえば、なぜ昇進を果たす管理職に男性が向いているか、ということとも関連がある。

第1に、企業や役所で一般業務に就き、さらに成功して昇進するためには、長い労働時間を含む激務が待っている。さらに、経営トップを含む管理職の労働が酷であることは避けられない。一方、専門職の場合は労働時間の管理が比較的自由であるし、業務遂行への労働の成果もそれほど酷ではない。体力的に強い男性が管理職に、それほど強くない女性が専門職に、というのは一つの考え方であろう。ただし、激務を厭わない女性もいるので、そういう女性は管理職に、一方で専門職を好む男性もいるので、この考え方にも多少の留保はある。

第2に、ワーク・ライフ・バランスという観点からも、女性の専門職志向は適切な選択といえる。出産・子育てという人生上の事象にうまく対応するには、労働時間や仕事に裁量性をもたせやすい専門職が向いている。例えば育児休暇制度においても、ライン職よりもスタッフ職の方が、職場において摩擦も小さくとりやすいものである。残業の多い昇進の可能性を秘めたライン職では、子育てに制約のかかることがあるだろう。

これら二つのことを述べれば、いわゆるフェミニストから当然だろうが強烈な反対意見が出されるものと予想される。男性のみが管理職に向いていると見なすのはおかしい、管理職志向の女性も少なからず存在するとか、出産・子育てには夫の積極的な協力を求めるのが、男女共同参画社会の期待するところである、との反論である。これらに対する筆者の回答は、管理職を希望する女性を排除するものでないし、人がどういう人生を歩むかの自由を尊重するものである。さらに、夫の積極的協力は必要と信じるが、現時点での日本社会ではまだ男性の過重労働を強いているので、夫になかなか妻への協力を期待できない現状からの対応策を考えたものである。この点からは、日本の男性の働き過ぎをなくすることも重要な政策目標といえよう。

最後に白状すれば、人生はムチ打って働き過ぎるよりも、自分の好きなことを自由にやる人生を好む、という筆者の趣向がある。これにうってつけなのが専門職だからである。もっとも、繰り返すが人の生き方は自由なので、管理職を目指してもよい。

高学歴層

女子大を含めた普通の短大・大学の卒業生が高学歴層の女性である。ある程度の高い能力・学力を有する女性なので、社会において指導層や中堅層として貢献の期待できる人々である。一昔前であればこれら高等教育を受けることのできた女性は少数だったので、エリートとして存在していた層であるが、現代は幸か不幸か大学間の格差が女性においても明確な時代になってしまった。

一昔前であれば大学卒の女性であっても専業主婦になる人が多かったのであり、本人の自由な選択に依存することなので、人的資本のロスということは確かにあったが、人の自由を尊重する立場からは否定的な評価はできない。しかし、現在では短大・大学に進学する女性の比率が50%を超えているので、これだけの高い教育を受けたのであるから、できるだけ社会に生産労働力として貢献してほしいと期待する目標には合理性がある。

どのような職業に従事し、そしてフルタイムで働くかそれともパートタイムかということは、この層の女性にとっては、様々な形態がありうる。企業の中で管理職を目指すのもよし、管理職でなくごく普通の雇用者であってもよいし、教員、公務員、自営業、その他様々な職業に就くことが可能である。本人の能力と希望に依存するし、社会が提供できる仕事の量で決まるが、大雑把に言えば、ホワイトカラー職とサービス職が主たる職業である。日本はポスト・インダストリアル社会に入っているし、職種においてはホワイトカラー化、産業ではサービス産業化が進行しているので、ここで高学歴層の女性が基幹労働力として大いに貢献してくれることへの期待は大きい。特に、日本は少子化が進行中なので、近い将来に労働力不足が到来することは確実であり、高学歴層の女性の果たす役割は大きい。

低学歴層

中学・高校卒業の女性がこの層である。中学卒の比率が若い人の間では非常に低くなったので、ここでは将来を見通せばほとんどの人が高卒と考えてよい。超高学歴、高学歴、低学歴の三つに区分した場合、この低学歴層が実は最大の社会問題と見なしてよい。なぜ低学歴層に問題があるのかを具体的に述べてみよう。

第1に、この層はブルーカラーやサービス業種、そしてホワイトカラーの定型的な事務職で示されるように、いわばそれほど技能の高いレベルの職業に就く人は少なく、大半が低いレベルの職業に就く女性で占められている。これは短大・大学卒といった高学歴者でないことが一つの原因となっている。したがって、高い所得を期待するのは困難で、多くの場合低所得層を形成する。いわば橘木（２００６）のいう格差社会における一方の極を占める層になっている。とはいえ、ごく一部の起業家や、スポーツ・芸能の世界で成功した人は、非常に高い所得を稼ぐ場合がある。学歴はほとんど意味を持たない人々のいることを認識しておこう。

第2に、正規社員と非正規社員の二極化がもう一つの格差社会の顔であるが、パートタイマーや派遣社員などの非正規社員の多くが、中学・高校卒で占められている。さらに重要なことは、非正規社員の大半が女性労働者なので、低学歴の女性が生活の不安定な、低賃金の仕事に従事する層なのである。ただし、非正規社員の全員がこの身分を非意図的に選択していると見なすのは早計で、一部の女性は様々な理由から意図的にこれを選択している。

第3に、高等学校での教育に関して、専攻が今や80％前後も普通科に集中していることの問題を述べておこう。普通科とは、国語、数学、英語、理科、社会などの主要五教科を中心に教える学科で、職業に直結する可能性が高い科目を専攻しない。例えば、仕事を遂行する際に役立つ農業、工業、情報、商業、医療、福祉等の科目がそれほど教育されていない。別の言葉で述べるなら、大学受験に必要な科目を中心に教育しているのである。普通科に在籍して大学受験を目指す高校生にとっては好都合であるが、就職を目指す人にとっては仕事に役立つ技能を習得できず、卒業後に就業しても非熟練労働者としてしか働けない。

普通科の学生は高校入学時に、さしあたっては大学進学を念頭において普通科を選択したのである。もう一つの問題は教科よりも教師の教育方針と就職進路指導の欠如がある。普通科の教師は生徒の大学進学のための準備教育に熱心で、勉強が自分に向いていないことに気づいて大学進学をあきらめて、就職希望に転換した生徒に対する進路指導や就職紹介にさほど熱心ではない。これは公立・私立のさほど偏差値の高くない高校によく見られる現象である。

どのような対策が考えられるだろうか。中学から高校に進学するときに、ばくぜんと大学進学を考えるような普通科ではなく、就職に役立つ職業高校への進学をもっと真剣に考える時代になってほしい。普通科への進学希望が強いのは、日本が学歴社会の中にいるとの信仰が強いので、中学卒業の時に多くの生徒が大学進学への道につながる普通科を希望するのは、親子ともども当然である。こういう状況であれば、普通科志望を職業科志望に変換させるのは容易なことではない。

これに対する回答は次のようなものである。日本の学歴社会は今後弱体化するだろうと予想したが、このことはまだ一般的に多くの人によって認識される段階に達していない。しかし、身のまわりで大学出がそれほど有利な人生を送っているのではないことにかなりの人が気づくようになっており、徐々にではあるが学歴信仰は弱くなるものと思われる。学歴よりも技能を身に付けた方が、高い所得を稼ぐことができるという考え方も台頭しつつある。職業教育の重要さの高まる気配がある。

これに関して重要なことは、学歴は高くないが技能の高い職業人に対して、社会・企業は賃金などの処遇において十分に高い支払いを用意する必要がある。換言すれば、学歴水準だけで昇進や賃金を決定するのではなく、労働者の生産性に応じてそれを決定する方法が、より望ましいということである。

第5章

大学別に見た女子大生の教育・キャリア

1 教育

女子大生の分類

第4章において大学生、特に女子大生を所属する大学によって二つに分類した。すなわち、超高学歴層と高学歴層であった。この章では、まずこれら二つの分類をもっと細かく分類することと、それに伴う卒業後の仕事の続け方、そして結婚を含めた家庭生活の現状を詳細に検討するものである。

大学卒を短大卒・高卒と対比して、高学歴者と見なしたとき、超高学歴層と高学歴層の二つがあると示したが、実は両者ともにもっと細かく分類できるのである。それを女子学生に関して、（1）入学の困難な名門・有名大学かどうか、（2）専攻する科目が何であるか、（3）共学大学か女子大学か、（4）自宅通学か遠隔地か、という基準で分類を試みる。

入学難易度

まず入試の困難性から大学を見てみよう。女子学生が学ぶ分野は主として、人文科学、社会科学が多いので、この二つに注目して偏差値によって大学を検討してみよう。偏差値で大学の名門度と有名度をランク付けするのには課題なりバイアスがかなりある。例えば、第1に、これは入学難易度のみに注目しただけであり、それぞれの大学がどのような教育を行って、どれだけ有為な人材を世に送り出しているかを無視している。

第2に、第1で述べたことと関係するが、大学あるいは学部はそれぞれに歴史と伝統があるし、学費の違いやどの地域にあるのか等々、それぞれが固有の特色を有しているので、受験生が入学難易度だけで志望校を選んでいるのではない。

第3に、偏差値は合格した人だけに注目しているが、大学によっては合格者の中でも実際に入学する人と入学しない人の差がある。本来ならば、入学した人だけに限定すべきであるが、そこまでていねいに偏差値を比較するのは困難である。さらに、最近は学力試験のみならず、推薦や一芸入試といった方法で入学者を選定している学部が多いので、偏差値だけで入学難易度を測るのはリスクがある。

第4に、入学試験の難易度に関しても、大学によって入試に課する科目に違いがある。よく知られているのは、国立大は4科目か5科目を課しているが、私立大は2科目ないし3科目が多く、私立大の受験者は少数の科目を集中的に勉強するだけでよいので、それらの科目においては学業成績が国立大志願者より高くなる可能性がある。換言すれば、国立大の受験者は多くの科目を幅広く勉強せねばならないハンディがある。

第4で述べたことを補足すれば、偏差値の表は文科系は英語、国語、数学または地歴公民の3科目、理科系は英語、数学、理科の3科目だけの比較なので、私立大と国立大は同等に比較できないのである。

このように偏差値だけで大学の名門度・有名度を評価するのは問題があるので、ここでは厳格なランキングには関心を寄せず、いくつかのグループに分類するだけにとどめておく。

表5-1に基づいて、日本の大学を大胆に分類すると次のようになる。

（1）超難関大学：東京大、京都大という旧帝大上位校、一橋大、東京工業大という学科大の名門校、早稲田大、慶應義塾大という私立大2校で、合計が6校である。

（2）難関大学（1）：北海道大、東北大、大阪大、名古屋大、九州大等、東大・京大以外の旧帝大と、神戸大、千葉大、東京外国語大、横浜国立大、筑波大、広島大、お茶の水女子大、大阪市立大といった国公立の13校である。

（3）難関大学（2）：上智大、明治大、立教大、中央大、青山学院大、ICU、東京理科大といった関東の私学7校と、同志社大、立命館大、関西学院大といった関西の私学の3校で、合計が10校である。

（2）と（3）は偏差値が60ないし57・5以上の大学であるが、難関大学を（1）の国公立と（2）の私立を区別した理由は、学費の違いの意味と、まだ日本は国公立信仰が多少残っていることへの配慮である。難関大学（1）が難関大学（2）より少し上との解釈も可能である。繰り返すが、国公立大と私立大を同じ基準で偏差値を評価できないので、ここでも難関大学（1）が難関大学（2）より入学はやや困難と見なしてよい。

もう一つの留意点は、（2）と（3）は確実に入れることのできる大学であり、ボーダーラインにいる大学、あるいはここには名前のない大学（例えば奈良女子大、法政大、関西大など）でもここに入れてもよい大学もいくつかある。

（4）中堅大学：大学名は書かないが、偏差値が47・5以上の国公立大と私立大が相当する。大学と学部の数はかなり多くなる。

（5）その他大学：これも大学名は書かないが、偏差値が47・5に満たず、さらにそれが40以上の大学であり、ほとんどが私立大学である。しかも大学と学部の数が多いのが特色である。

（6）Fランク大学：偏差値が40に満たない大学としたが、受験界ではFランクの大学とされることもある。確かに入試はやさしいが、特色のある教育を行っている大学もいくつかあることに留意したい。

偏差値	大学・学部［学科］
55.0	静岡大・人文社会科学
	滋賀大・経済
	和歌山大・観光
	香川大・法
52.5	小樽商科大・商
	宇都宮大・国際
	高崎経済大・経済
	新潟大・経済
	新潟県立大・国際地域
	富山大・経済
	公立小松大・国際文化交流
	福井大・国際地域
	静岡県立大・国際関係
	兵庫県立大・経済
	兵庫県立大・経営
	奈良県立大・地域創造
	和歌山大・経済
	島根大・法文
	県立広島大・人間文化
	県立広島大・経営情報
	広島市立大・国際
	山口大・経済
	香川大・経済
	長崎大・経済
	鹿児島大・法文
50.0	群馬県立女子大・国際コミュニケーション
	高崎経済大・地域政策
	福井県立大・経済

偏差値	大学・学部［学科］
50.0	山梨県立大・人間福祉
	山梨県立大・国際政策
	長野大・環境ツーリズム
	長野大・社会福祉
	長野大・企業情報
	長野県立大・グローバルマネージメント
	静岡県立大・経営情報
	下関市立大・経済
	山口大・国際総合科学
	山口県立大・国際文化
	愛媛大・社会共創
	高知大・人文社会科学
	北九州市立大・法
	北九州市立大・経済
	佐賀大・経済
	長崎県立大・国際社会
	大分大・経済
	宮崎公立大・人文
	琉球大・人文社会
	琉球大・国際地域創造
私立大	
67.5	慶應義塾大・法
	早稲田大・法
	早稲田大・政治経済
65.0	慶應義塾大・経済
	慶應義塾大・商
	早稲田大・国際教養
	早稲田大・社会科学

表5-1　入学難易度（河合塾）

この入学難易度ランキングは、河合塾主催の「全統模試」及び直近2年間の入試結果調査から作成しています（2018年2月現在）。偏差値は、文系は英語、国語、数学または地歴公民の3教科、理系は英語、数学、理科の3教科を用いて設定し、合格可能性50%となるラインの偏差値（2.5幅）の下限値を表します。

偏差値	大学・学部［学科］
社会科学系	
国公立大	
70.0	東京大・文科一類
67.5	東京大・文科二類
	一橋大・社会
	一橋大・法
	京都大・法
65.0	一橋大・経済
	一橋大・商
	京都大・経済
	大阪大・法
62.5	国際教養大・国際教養
	筑波大・社会・国際学群
	東京外国語大・国際社会
	横浜国立大・経済
	大阪大・経済
	神戸大・法
	九州大・法
60.0	北海道大・法
	北海道大・経済
	東北大・法
	東北大・経済
	千葉大・法政経
	横浜国立大・経営
	名古屋大・法

偏差値	大学・学部［学科］
60.0	名古屋大・経済
	大阪市立大・法
	神戸大・経済
	神戸大・経営
	九州大・共創
	九州大・経済
57.5	千葉大・国際教養
	首都大学東京・人文社会
	首都大学東京・法
	首都大学東京・経済経営
	横浜市立大学・国際総合科学
	金沢大・人間社会学域
	名古屋市立大・人文社会
	名古屋市立大・経済
	京都府立大・公共政策
	大阪市立大・経済
	大阪市立大・商
	岡山大・法
	岡山大・経済
	広島大・法
	広島大・経済
	熊本大・法
55.0	埼玉大・経済
	新潟大・法
	信州大・経法

偏差値	大学・学部［学科］
52.5	成蹊大・法
	成蹊大・経済
	東洋大・国際観光
	東洋大・国際
	武蔵大・社会
	武蔵大・経済
	明治学院大・社会
	明治学院大・経済
	愛知大・国際コミュニケーション
	名古屋外国語大・世界共生
	名古屋外国語大・現代国際
	南山大・法
	立命館大・産業社会
	立命館大・経済
	立命館大・食マネジメント
	関西大・社会
	関西大・法
	関西大・政策創造
	関西大・経済
	関西大・商
	関西学院大・人間福祉
	西南学院大・国際文化
	西南学院大・法
50.0	国学院大・法
	駒澤大・法
	駒澤大・経営
	専修大・法
	東洋大・社会
	東洋大・法

偏差値	大学・学部［学科］
50.0	東洋大・経営
	日本大・法
	日本大・経済
	日本大・商
	明治学院大・法
	愛知大・法
	愛知大・経済
	愛知大・経営
	愛知淑徳大・福祉貢献
	中京大・国際教養
	中京大・国際英語
	名城大・経営
	京都産業大・現代社会
	京都女子大・法
	同志社女子大・現代社会
	龍谷大・国際
	近畿大・総合社会
	近畿大・経営
	甲南大・経営
	西南学院大・経済
	西南学院大・商
	立命館アジア太平洋大・アジア太平洋
	立命館アジア太平洋大・国際経営

表5-1　続き

偏差値	大学・学部［学科］
65.0	早稲田大・商
62.5	上智大・総合グローバル
	上智大・法
	上智大・経済
	立教大・経営
60.0	青山学院大・国際政治経済
	上智大・総合人間科学
	中央大・法
	法政大・グローバル教養
	明治大・国際日本
	明治大・法
	明治大・政治経済
	明治大・経営
	明治大・商
	立教大・社会
	立教大・経済
	同志社大・グローバル地域文化
	同志社大・法
	同志社大・商
	関西学院大・国際
57.5	青山学院大・法
	青山学院大・経済
	青山学院大・経営
	学習院大・国際社会科学
	学習院大・法
	中央大・経済
	中央大・商
	東京理科大・経営
	法政大・国際文化
57.5	法政大・法
	明治大・情報コミュニケーション
	立教大・観光
	立教大・法
	同志社大・社会
	同志社大・経済
	立命館大・国際関係
55.0	青山学院大・地球社会共生
	学習院大・経済
	創価大・国際教養
	法政大・社会
	法政大・現代福祉
	法政大・経済
	法政大・経営
	明治学院大・国際
	立教大・コミュニティ福祉
	南山大・国際教養
	南山大・経済
	南山大・経営
	立命館大・法
	立命館大・経営
	関西学院大・社会
	関西学院大・法
	関西学院大・経済
	関西学院大・商
52.5	国学院大・経済
	昭和女子大・国際
	昭和女子大・グローバルビジネス
	成蹊大・社会イノベーション

大学での専攻科目

次の関心は女子大生が大学でどの学部を選び、何を専攻するかの違いである。これに関しては既にかなり議論したので、要約だけを述べるにとどめる。

理科系と文科系の違いを述べれば、理科系は少なく、文科系が圧倒的に多い。理科系は専攻科目が明確なだけに、卒業後の進路が明確である。しかも専門職に就く可能性が高いので、大学で学んでから仕事に就くという意思を持っていると理解できる。

その代表は医学部、薬学部であり、医師、薬剤師という職にほとんどの卒業生が就くと考えてよい。理学部、工学部、農学部も医・薬学部に似て、専門職に就く人は多いが、女性の進学率がまだ高くないので、これらの女性専攻者が社会で働く比率はまだ低い。さらに、理・工・農の卒業生はスタッフといった専門職として働く女性と、ラインといった現場で働く女性の2種類に分けられる。

文科系に注目すれば、人文科学と社会科学に分けられるが、法律、経済、経営といった社会科学はまだ女性にとっては高い魅力となっておらず、女性の比率は半分以下である。専門職に関していえば、法律専攻者の一部が司法試験を目指して、合格すれば司法職に就く可能性が高い。公認会計士も同様である。これらを目指さない女性にとっては、ライン職として企業での就職を目指すが、既に詳しく述べた総合職か一般職か、という区別が待っている。圧倒的な比率で文学、語学、歴史、社会といった人文系の科目を専攻する女性がまだ多いが、これらの学生の中には教員試験を受けて教師という専門職に就く人もいる。

でも大半は企業への就職を考えるか、就職せずに花嫁修業に入る人もいる。さすがに後者の花嫁修業型は今日ではとても少なく、多くは企業に就職する。しかし企業に就職したとしても、M字型カーブが教えるように、結婚・出産を機に退職する人が人文科学専攻者には多い。その理由の一つは、専攻科目がビジネスとさほど関係ないだけに、一般職として働くか、総合職・一般職の区別のない企業であっても、補助的な仕事ないし定型的な仕事に従事する場合が多いので、退職志向はやや高い。とはいえ退職せずに働き続ける人の増加は見られる。

女性が非常に高い比率で学ぶ専攻として、家政学部（最近は名称を変更して生活科学部などとなっている）における食物、被服などがある。従来ならば家事の準備として教えられていたので、専業主婦になる人が多かったが、現代では家政学部で学ぶ学生もすぐに花嫁修業に入る人は非常に少なくなった。人文科目を専攻する学生と同様な就業パターンを示す。

最後は、音楽や美術といった芸術系の学部で学ぶ女子学生の比率の高いことに注目したい。音楽や美術の教師という専門職に就く人もいるが、それへの競争は激しいので、結局は人文科学や家政学を専攻する学生と同様のパターンを歩む人が多い。すなわち企業において補助的・定型的な仕事に従事し、結婚・出産までの勤労か、それとも働き続けるかの道である。

自宅通学か遠隔地か

東京圏や関西圏のように大学と学部の数が多い地域にいる人にとっては実感のわかない話題かもしれないが、大学や学部のあまりない地方で学ぶ高校生にとっては、この問題はかなり深刻である。橘木（２０１７）が指摘したように、自宅を離れて遠隔地の大学に進学するには余分な費用のかかることは当然である。この問題は府県をまたがる進学のみならず、一つの府県の中で遠方に住む人は県内の大学に進学するにしても自宅通学は不可能なときがある。面積の広い北海道、長野県、兵庫県などを考えればわかりやすいであろう。

さらに、自分がどうしても進学したい大学や学部が、自宅通学のできる大学や学部でないときにも、同じく遠隔地の大学に進学する場合があり、このときにも余分な費用がかかる。

これらの費用を学生自身のアルバイトで稼ぐ場合もあるが、それだけでは不十分なことが多いので、大学の選定を学費の安い国公立大学に優先をおいて、私立大学を避ける場合が結構ある。東京の大学に進学したい息子・娘に対して、親は国公立大学に進学するなら東京行きを認めるという話をよく聞く。

これとよく似たことでもあるが、息子・娘の大学進学に際して、私立大学ならダメ、国公立大学なら進学ＯＫ、という親の態度もよく聞く話題である。私立大の授業料が国公立大のそれの6～7倍であった30～40年前であれば、こういう状況はよく見られたが、今日ではそれが2～3倍に低下しているので、学費による影響力は弱まっている。

　このように学費の条件が、国公立大か私立大か、あるいは自宅通学か遠隔地かの選択に大きな影響を持つのが日本の現状である。冒頭で述べた入学難易度において、難関大学（1）と難関大学（2）の二つを挙げたが、国公立大と私立大に区別して難関大学を二分した理由がここにある。

2 難関大学対中堅大学

　大学をいろいろな視点から評価すると、次は個々の大学の特色はどこにあるかが興味の対象となる。それらを論じてみよう。

　難関大学を超難関大学と難関大学（1、2）に区分けしたが、なんといっても一つの焦点は超難関大学なので、まずはこれから入ろう。特に歴史の視点から見てなぜ名門大学になったのか、そしてそれがどう推移してきたかが関心事となる。

東京大学

なんといっても日本を代表する大学は東京大学（以下、東大と略す）である。１８８６（明治19）年に初代文部大臣・森有礼の発令した「帝国大学令」によって、これまでの東大を帝国大学と称して、エリート性を一層高めた経緯がある。国家を挙げて、エリートを輩出する高等教育機関の宣言と誕生であった。

当時の明治時代は欧米諸国に遅れているとの認識が官民ともにあり、富国強兵と殖産興業を掲げて国家を指導していく有為な人材の育成を目指したのである。現代のどの国においてもそうであるが、指導者の育成は特に発展途上国では必須条件であり、明治時代の日本も発展途上国であった。

特に政府が熱心だったのは、官僚として国の政治、経済、社会を導く立場に就く人の養成であり、帝国大学で有能な官僚の育成がなされることを期待した。官吏登用試験制度を設けて、それに合格した人には昇進、昇給とともに破格の処遇をして、優秀な官僚を生む政策をとった。具体的にどんな政策をとったかは、例えば橘木（２００９）を参照のこと。

東大の法科に入学してくる学生は優秀だったし、困難な官吏登用試験に合格する東大生は数多く、官僚養成の東大というのは明治時代の中期にすでに定着した。優秀な官僚は期待に応えて日本の発展に貢献したし、一部の人は首相にまでなって日本を導いた。

なぜ東大がこの時期に価値があったかといえば、明治初期の時代は藩閥政治が横行していて、薩長などの雄藩の武士の子弟がコネで官僚になっていた。不公平が目立ったし有能でない官僚がいたのである。そこに公平な入学試験と官吏登用試験によって有能な人を選ぶようになり、東大がその象徴となったのである。学力だけでその人を評価する方法はやや一面的ではあるが、少なくとも公平な選抜のできたことはとても価値があった。この伝統は今日まで続いていて、東大は官僚養成のシンボルとして君臨したのである。

実は東大は官僚のみならず、医師、司法関係者、技術者、教師といった職業に就く人の養成にも努め、日本を近代国家に導くのに貢献する人を生んだ価値も高い。明治時代に限れば、東大は経済の発展に寄与する人（すなわち企業家や経済人）はそれほど輩出せず、後に述べる東京高等商業学校（後の東京商科大、一橋大）や慶應義塾大が先駆けであった。いわば官業（役人、司法、教員など）で働く人の優先であった。さらに明治時代においては、東大は学問研究ということには重きをおかず、むしろ教育を重視して、エリート輩出を目的にしていたと理解してよい。この二つの伝統、すなわち民間経済人の輩出をせず、研究よりも教育を重視する策は、大正・昭和時代になると消滅した。その後になって東大は経営者を多く輩出するようになったし、学問・研究でもトップになったのである。文字通り日本一の大学が東大となった。

京都大学

1897（明治30）年に日本で2番目の帝国大学が創設された。これまで唯一の帝国大学だった東大は、これを機に東京帝国大学と名を改めた。2番目の帝大がつくられた目的は、東大だけでは指導者の養成ができなくなったことと、一方で東大のみがエリート輩出をしている姿は独占に近いから好ましくないとの配慮からであった。

そこで京大は東大をまねて、官僚に多くの京大生を送り込む努力をするが、京大の合格者はそれほど伸びなかった。種々の理由があったがそれは橘木（2011）に譲り、ここでは京大が東大とは異なる路線を歩むようになることを強調したい。それは学問・研究を重視するというスタンスである。官僚養成策に失敗したのなら、別の道を歩むのが得策と考えたのである。

政治・官僚の世界はどうしても東京が中心であり、地方の京都にある京大が東大に続こうとするよりも、別の特色を持った方が東大に対抗するのにふさわしいと京大の人は考えた。政治、経済、マスコミなどの喧騒の中にいるよりも、静かな京都で研究に励むのが自分達には望ましいと思ったのである。理学部や文学部において純粋学問の分野で優れた研究業績を示すのに努力したのであり、それが西田哲学や河上経済学、数学・物理・化学などで世界最先端の仕事として出現したのである。その象徴が戦前・戦中での物理学の研究であり、湯川秀樹と、朝永振一郎のノーベル賞として結実したし、その後も化学、医学で続いた。一時京大は「ノーベル賞大学」の異名を授かるほど秀でた研究で花が咲いた。学問の京大というイメージの定着であった。

こうして東の東大、西の京大という両巨頭が並び称されるようになり、今日までそれは続いている。東大は政治、官僚、司法、経済の分野で日本一のエリート輩出校となり、京大はこれらの分野でそこそこ活躍する人々を輩出したが、東大の後塵を拝した感は否めなかった。しかし学問・研究の場での業績が目立ったので、「東大・京大」という呼び方になったのである。現代では東大の躍進が目立ち、東大が一人勝ちの様相を呈しているのも事実であるが、2位の京大には変化はない。

東大・京大における女子学生比率

本書の主題からして、東大・京大というトップ大学で何％ほどの女子学生が学んでいるのかが関心となる。まずは東大の現状を前章の表4-2で確認しておこう。ここでは学部生が対象である。それによると過去数年間の合計によって、およそ20％前後の低い比率にあることがわかる。ついでながら、直近の数字（2019（平成31）年）で、学部生3125人の入学者のうち、女子が567人で比率は18・1％であった。

他の大学との比較をすると、同じ期間の最初の頃は全大学の平均で30％台半ばの数字であったのが、現在では40％台前半の数字まで上昇しているので、かなりの女子学生比率の増加であるが、東大と京大の女子学生比率はかなり低い水準で低迷していることが明らかである。参考までにおよそ40年前（１９８０（昭和55）年）では、東大の女子学生比率は５・９％であり、ほとんど男子大学と称してもよいほどの低比率であった。現在までにほぼ3倍の増加となったが、いまだに低比率である事実に変更はない。

なぜこれほどまでに東大・京大の女子学生比率は低いのであろうか。第1に、東大・京大をはじめ国立大学では理学部と工学部の学生比率がかなり高い。女子学生は理学、工学への人気度はまだ低く、これらを学ぶ学生数が国立大学で多いので、国立大学では女子比率が低くなる。その典型が東大と京大なのである。

第2の理由として、東大と京大の入学が特に困難なことがある。男子の学力が女子の学力よりも高いとは確実に言えない時代となっているが、大学受験に関してはまだ女子よりも男子の方が熱意が強いので、受験勉強に熱心になるのが男子に多い。

これを間接的に証明する事実として、東大におけるトップフォーの高校、開成、筑波大付属駒場、灘、麻布、また京大におけるトップスリーの北野、東大寺、洛南のうち、二つが男子校であった。ただ洛南は今は共学校であるが、元は男子校であり男子生徒比率がかなり高い。

第3に、これは数字によって示されることではないが、女子で東大や京大に進学すると、将来に配偶者の選択の幅が狭くなる、ということがある。例えば迫田さやかとの共著『夫婦格差社会――二極化する結婚のかたち』に書いたが、東大卒の女性では結婚相手は半分強が東大生であった。これは他大学卒の男性が東大女性を避けるということが響いているし、東大女性側にも気楽に他の大学卒の男性と付き合うということが困難と考えることによる。

少数の東大女性であれば、数が多い東大男性は選び放題ではないか、と下種の勘繰りをする人もいるかもしれないが、意外と東大男性も自己の学歴優位を保ちたく思って東大女性を避けることがあるかもしれず、現実の世界ではなかなかうまくいかないのである。このような事情があるのなら、学力の高い女子高生の一部は東大への入学を希望しない可能性がある。東大に進学すると結婚相手を探すのが苦労になるとして、東大よりも早慶を志望する女子高生がいるとされる。

一橋大学

1875（明治8）年の商法講習所の設立によってわが国の私立校としての商業教育がスタートしたが、その後官立に移管され、1887（明治20）年に高等商業学校となった。この時代に日本での商業教育の育成に熱心だったのは、初代文部大臣の森有礼と財界の父・渋沢栄一であった。東京高商（後の東京商大、一橋大）の誕生である。官の強い時代に民の経済人を生む学校ではあったが、影響力は帝国大学には及ばなかった。あくまでも官が第一の世であったし、そもそも江戸時代からの流れを受けて、商業・経済はさほど重視されていなかったのである。東京高商、一橋大については橘木（２０１２）が詳しい。

しかし、明治後半や大正の時代に入り、殖産興業政策の導入と日本の産業革命が進行したことにより、民間経済部門（すなわち企業）の重要性が認識されるようになり、東京高商・東京商大の卒業生も企業内で重要な役職を占めるようになった。しかし、官僚国家の日本、そしてそれを生む東大の威力には勝てず、商業・会計・経営の専門家として遇されるようになったが、トップ経営者はまだ帝大卒業生が握っていた。ありていに言えば、部長級にまでは昇進するが、トップの社長にはまだまだで、取締役になれたら御の字であった。

とはいえ、昭和の時代に入ると日本経済の発展はますます進み、企業の数は増加し、かつ一つの企業が大規模化したので、経営者の数が増加するようになった。そこでこの学校で学んだ人の経営能力の強さを評価する程度が高まり、一橋大の卒業生で企業のトップになる人が出現したし、その数も増加した。戦後になるとその傾向はますます強まり、一橋大はビジネスの分野では超名門校となった。

後に示す慶應義塾大学もそうであるが、経済界に人を送り出す学校の卒業生の結びつきは強く、一橋大の同窓会（如水会）は特に結束力のあることでよく知られている。ビジネスの世界における情報の交換が活発化し、さらに同窓生を引き立てたいという思いが、一橋大学の卒業生の人事が有利に働くということもありえたのである。

ちなみに、一橋大における女子学生比率は、総学生数4431人（2018年度）のうち女子学生は1259人なので28・4％となり、東大・京大よりも少し高い。これは一橋大が文科系の大学で理科系の学部のないことが影響している。

東京工業大学

歴史をたどれば1881（明治14）年の東京職工学校に始まり、その後東京工業学校と改称された。1901（明治34）年には東京高等工業学校として現在の学校の起源としての姿が整い、1929（昭和4）年に東京工業大学として大学に昇格した。戦後もそのまま新制大学となった。

言うまでもなく、機械、電気、建築などの工学、それに数学、化学、物理などの理学をも持ち、理工系のあらゆる科目を研究・教育するアメリカの名門・MIT（マサチューセッツ工科大学）やCIT（通称カルテック・カリフォルニア工科大学）を連想させるTITが英語名である。理工系の名門大学であることには間違いなく、入試の偏差値も高く、かつ研究・教育も優れていて、一流の技術者を多く輩出してきた学校である。

とはいえ、企業で営業、人事、経理といった事務系で働く人と比較して、日本では技術系の人はたとえ有能であっても出世はそう簡単ではなかった。これは官庁において、たとえ上級職の人であっても事務官（法科出身）の方が技官（理工系出身）よりも優遇されているのに影響された可能性があるし、企業においても技術者軽視の風潮があったことによる。企業経営はどちらかといえば頭の固い技術者に任せておけないという事務系の人の勝手な思い込みがあった。一方で技術者の方にも、自分の好きな技術の仕事ができるならそれで満足する人もいて、事務系の人よりも出世欲が強くなかったことも響いている。

こう理解してくると、技術系の名門・東工大の卒業生が事務系の名門・一橋大の卒業生よりも企業において役職や経営者になっている人の数が少なくなるのは避けられないことであった。ところがこの風潮も現代になると少し新しい動きが見られるようになった。理工系の人の論理を優先する思考・行動が企業経営においても必要、との認識が高まり、しかも理工系の人でも企業経営に携わりたいとする人が増加し、徐々にではあるが理工系出身者の経営者が増加している。それは製造業で顕著であることは当然として、ＩＴ企業の創業経営者、さらに営業マンの多かった商社においてもチラホラ出現しており、今後の増加が予想できる。東工大の卒業生が経営者になる人の数は増加するであろう。

東工大における学生数は、男子が２０１８年度で４１９１人、女子が６３７人なので、女子学生比率は13・２％と非常に低い比率である。これは何度も述べたように、日本では理工系の人気が女子学生には低く、志願者そのものが少ないことの反映である。「リケジョ」などと称して理工系に進学する女子を増加させようと、教育界は必死になっているがまだ途半ばである。

慶應義塾大学

明治時代を代表する文化人、教育者である福沢諭吉の創設した学校であることは有名である。一万円札に肖像が載っているほどの有名人である。なぜ福沢の肖像が用いられたかは、当時の大蔵大臣（現在は財務大臣と呼ばれる）で首相にもなった橋本龍太郎が種をまき、小泉純一郎（元）首相と塩川正十郎（元）財務大臣が花を咲かせたとされる。3人ともに慶應義塾大学の卒業生だったので、日本の学歴社会を理解する上で役立つほほえましい話題である。

歴史をたどれば、1858（安政5）年に九州の中津藩士の福沢が江戸で蘭学塾をつくり、それが1868（慶応4）年に慶應義塾と改称したという古い歴史を持つ学校である。官学ではない私的な塾が始まりであり、塾生から授業料を徴収したので、私立学校の始まりとも理解できる。教える科目は種々の科目であったが、福沢は実学（人間生活上で役立つ学問）を重要視したので、経済学を重要科目の一つとして、福沢自らが経済学を塾で教えたのである。

1890（明治23）年に大学部（今の大学とは異なる）を設置して、文学、理財、法律の3学科でのスタートであった。理財科は経済学科と考えてよく、慶應がいかに経済学、商学を大切と見なしていたかがここからも理解できる。この伝統は戦前の大学、戦後の新制大学になっても続き、慶應では経済学部が重要な学部の一つとなっている。

この実学重視の姿勢は経済人を多く輩出することとなった。慶應で学んだ経済人が企業でビジネスマンとして活躍するようになり、「理財の慶應」は代名詞になるほどであった。しかし戦前は官学重視、私学軽視の風潮が強く、東大や東京商大と比較すると経営者になる人の数はそう多くなかった。しかし、明治時代から大正時代にかけて、創設以来の三菱系の各社、あるいは三越や鐘紡といった会社のように慶應出が羽振りの良さを見せる企業も存在していた。慶應の同窓会「三田会」の結束力の強さは日本一で、実業界での強さを支援した。

戦後になると、経済の慶應という名声はますます高まったし、１９７０〜80年代からの私立大学の地位向上の傾向という後ろ盾があって、慶應大は早稲田大とともに超難関の私学の両雄となった。これは既に述べたように入学の難易度の上昇によって優秀な学生が多く集まるようになったし、卒業生の活躍ぶりが政治、公務員、司法、ビジネス、芸能、スポーツなどあらゆる世界で知られるようになり、超名門校の地位を得たのである。

早慶の両大学が超難関校、超名門大学になった理由は他にもいろいろある。まずは日本の東京一極集中が１９８０年代からますます進行し、東京の大学の地位が一般論として上昇したし、早慶はそれを最も強く享受できた。これも一般論であるが、40〜50年前までは私立大学の授業料は国公立大学の6〜7倍の高さにあったが、その後の国公立大学授業料の高騰と政府による私立大助成金の導入・拡充により、その差が２倍前後に縮小した。これは私立大人気を高めたし、早慶両大学はもっともその利益を受けて優秀な受験希望者の増加が見られた。

慶應の話題に戻すと、日本の上場企業の社長、取締役の数は慶應出がナンバー・ワンである。卒業生の数の多いことを割り引く必要があるが、優れたビジネスマンを生み出す大学としての慶應の地位はゆるぎないものがある。

早稲田大学

超難関・超名門の早稲田大学は歴史をたどれば慶應義塾大学よりも遅い開校である。１８８２（明治15）年に大隈重信によって開校された東京専門学校が起源である。前年に明治新政府時代の政変に敗れた大隈が、反権力・反官僚・反東大を旗印にして開校したのであった。勝った側の政府は、大隈を中心にして明治政府を倒す人を養成する学校ではないかと恐れたほどであった。政治・経済、法律、理学、英文科での出発であった。

１９０２（明治36）年に早稲田大学と改称した。１９２０（大正９）年にこれも慶應義塾などとともに、旧制大学として大学令による大学に昇格した。このあたりからいろいろな学部を持つ総合大学として定着することとなった。だが当時の私立大学は慶應義塾大学と同様に、帝国大学や東京商大・東工大という官立大学の後塵を拝する姿であった。

早稲田の特色を言えば、設立者の大隈の言動からうかがえるように、反骨精神が旺盛であり、政治家やマスコミ関係で働く人を多く輩出し、官僚やビジネスの世界に入る人はそう多くなかった。「野人・早稲田マン」という言葉で象徴されるように、支配者側に立つと見られる高級官僚や経営者になることを半分見下す姿があった。とはいえ、大正・昭和の時代になると働く場所としての企業の役割が大きくなったので、多数はビジネスの世界に入っていったが、慶應の卒業生ほど経営者になれる人はそう多くなかった。良い意味でも悪い意味でも、企業での出世欲の強くない人が早稲田の卒業生には多かったのである。むしろ、政治家（中央、地方）やマスコミ関係で有名になる人がいた、と理解した方が正しい。

慶應とともに私学の雄としての名声はあったが、戦前は帝国大学などの官立大学の後塵を拝していた。だが、戦後になると名声度、名門度を上げるようになった。特に1970～80年代になってから、慶應大のところで述べた同じ理由によって早稲田大の地位は向上し、超難関・超名門大学の名前が授けられるようになった。しかし慶應ほど民間企業での経営者を送り出すことはなく、むしろ政治、マスコミ、芸能、スポーツといった分野での知名人が多くなり、野人・早稲田の延長線として早稲田大学の名前は轟くようになったのである。

早慶の今日

偏差値の高くなった早慶両大学は、学力の高い学生が多く入学するようになった。一昔前であれば、東大・京大・一橋大・東工大の落ち武者が結構入学していたが、今ではこれらの大学に合格しても、早慶両大学に不合格する人も出てきた。特に早稲田の政経、法、理工、慶應の経済、法、医、工などではよく聞く話である。国立大と私立大の入試科目数が異なるので、両者の難易度を偏差値だけでは評価できないが、早慶両大学の学生の質が高まったのは事実である。さらに両大学を第一志望にして国立大を受験しない人の増加がかなり見られ、これも早慶のステイタスの上昇を示す証拠である。

もう一つの証拠は既に見たように、国家公務員総合職における早慶両大学生の合格者数の増加が著しい。

このように早慶両大学生の学力の上昇を、先輩達は「早慶がミニ東大化している」といって、半分は頼もしく思い、逆に半ば自嘲気味にこういう言葉を発している。言外に勉強に強いだけがその人の評価にならないと思っているのである。東大生のように勉強で青白い顔をしているのではなく、早稲田のように独立独歩の野人でいるべき、あるいは慶應のようにビジネスに強い人を出す姿が好ましいと思っているのかもしれない。

どちらの大学もマンモス大学ではあるが、両大学の学生数（学部、大学院ともに）を比較すると、慶應がおよそ3万3000人、早稲田が5万2000人なので、早稲田が1・58倍も大きく、大学の規模で見るとかなりの違いがある。慶應は過去に藤沢キャンパスを新設したが、早稲田は本校のみならず他の地に新学部をいくつか創設して、大規模化を図ったことはよく知られている。従って早稲田の卒業生には優劣の差が目立つようになって、企業の人事部の人の話によると、昔のように早大生全員が優秀とは限らないとの見方をしている。学部によっては慎重に選ぶとの話をよく聞く。

一方の慶應はマンモス私大とはいえ、まだ学生数を抑制しているので、多くを優秀と見なしてよい、との企業人事部の人の話である。現にこの情報は高校生、受験生、親にも浸透しているのか、早慶の両大学に合格した人の多くは早稲田を蹴って慶應に入学する、というのは受験界の常識となっている。もう一つ慶應の人気を支えているのは、慶應卒業生がビジネスの分野で活躍している事実を知っているからであろう。もっともビジネス以外の分野に進みたい人にとって、早稲田は大変な魅力がある。日本を代表する私学の両雄で超難関・超名門大学とはいえ、両者の間には微妙な差はある。なお早慶両大学については橘木（2008a）が詳しい。

最後に、早慶両大学における女子学生比率を見ておこう。2018（平成30）年で早稲田大が37・6％、慶應大が36・7％の女子比率なので、両大学間に大差はなく、むしろ似た比率と言った方がよい。早慶両大学への女子学生人気はかなり高い、と理解しておこう。ちなみに5

年前の2013（平成25）年では早稲田が35・9％、慶應が33・4％なので、ほんの少しの上昇である。これは10〜20年前においても、両大学の女子学生比率がやや高かったことを示唆することになる。

とはいえ東大や京大よりは比率がかなり高く、なぜ両者間に差があるのか、いくつかの理由を指摘できる。第1に、私立大学は一般に理工系学生の比率が低く、逆に文系学生の比率が高いので、男子高生の高い理科系志望、女子高生の高い文科系志望が、そのまま私立名門大、国立名門大の間における女性比率の違いに反映されている。

第2に、差は縮まってきたとはいえ、まだ国立名門大の方が私立名門大よりも入試が困難である。そうすると東大のところで説明したように、大学受験対策をしっかりやる男子の方が女子よりも名門国立大に多く進学するのに対して、名門私立大には女子が多く入学するのである。

第3に、これはデータの裏付けがないが、私立大と国立大の受験科目数の違いが反映されているかもしれない。すなわち、私立大では2〜3科目の受験で済むが、国立大では4科目以上を受験せねばならないという苦痛を強いられる。受験対策により熱心な男子が国立志向、それほどでもない女子の私立志向が見られる。あるいは受験浪人をさほど苦にしない男子と、それをできれば避けたいと願う女子の差も、国立と私立の志望の違いを生み出しているのかもしれない。

難関大学(1)

日本を代表する東大などの6大学に次いで、国公立大学を中心にして難関校の13校の大学を列挙した。これらは旧制帝国大学と旧制大学として存在していた大学が新制大学になったものである。文科省は国立大学を（1）世界トップの研究中心大学、（2）分野ごとの優れた研究・教育拠点大学、（3）地域に密着した人材養成大学、の三つに区分した。国立大学なので早慶という私立大を無視するが、超難関と難関大学（1）の多くが、文科省による3分類のうちの（1）に入っている。なお、横浜国大と東京外大は旧制では大学ではなく専門学校であったのが昇格した新制大学であるが、戦後になって難関度、名門度を急激に高めたので、難関大学（1）に含めた。首都圏にある大学なので、早慶両大学と同様に受験生の人気は高く、今や押しも押されもせぬ名門大学になっている。

まずは旧帝大の5大学（北海道大、東北大、名古屋大、大阪大、九州大）を取り上げよう。不幸にして旧帝大であっても、東大・京大が格上にあり、残りの大学はやや格下に見られることが多い。でも阪大は他の4大学よりは少し上との認識が一般的である。現に最近まで阪大の総長だった平野俊夫は就任のとき、自分たちは第3位に甘んじ続けるのではなく、第2位の京大に追い付き追い越せの意気込みにある、と述べたことがある。阪大は超難関大学と難関大学

（1）の間にあるとの理解も可能である。

他の4大学はどうであろうか。不幸な言葉としてこれら旧制四帝大、特に北海道大と九州大は「地帝」という言葉が受験界で語られることがある。いわゆる地方にある旧帝大との意味である。この言葉は中央（東京圏と京阪神）の重視と地方の軽視という、日本の悪い風潮からくる区分を反映していて筆者の好みの言葉ではない。

これら4大学は教授の研究業績には素晴らしいものがある。今や名大がノーベル賞大学と称してよいほどの大学になっている。他の大学も同様に高い研究能力を持っている。受験生も主にその地域（北海道、東北、東海、九州）の高校生で、入学する学生はトップクラスの学力を誇っている。地帝などという見下し気味の呼称に惑わされてはならず、旧帝大は研究・教育ともに優れているのである。

旧帝大以外の難関大学（1）の大学は、研究が中心の大学であるし、何よりも入学してくる学生の質が高いのである。特にこれらの大学は東京圏と京阪神地区にあるので入学志願者の数が多く、必然的に大学の合格偏差値が高くなるのである。さらに就職先を探すとき、有名企業の多くは東京と大阪で入社試験を行うので、東京・大阪以外の学生の求職活動と比較すると、ここでの大学生は有利である。なぜならば、会社訪問や面接試験の際、地方の大学生は東京や大阪に来るとき、旅費の支払いが自己負担のときが結構ある。東京圏や京阪神地区の学生には旅費の負担がとても少ないという有利さのあることを一般の方はご存知であろうか。東京圏と京阪神地区を比較すると、有名企業は京阪神よりも東京に多く、この点からすると京阪神地区の学生にも不利な面は多少ある。

このようにして難関大学（１）は超難関大学には少しだけ及ばないが、優秀な学生を集めることができ、教授の研究・教育能力の高いことも手伝って、社会でよい仕事をする人を多く輩出することができたのである。

最後に、難関大学（１）における女子学生比率を提示しておこう。２０１７（平成29）年の数字で、北から北大29・３％、東北大26・１％、名大30・６％、阪大33・６％、九大27・９％である。阪大が高いのは、大阪外国語大学と合併したので、女子に人気の高い外国語専攻者が多くいることによる。ここに列挙した旧帝大系においては、東大・京大よりは高く、早慶両大学よりは低くなっている。これらの４大学で説明した要因がからんだ結果、これら両グループの間に入ったのである。

難関大学（２）

ここは私立大学が中心である。早慶両大学が超難関大学であることに異存はないであろうが、受験界には早慶上理ＩＣＵという言葉があって、上智大、東京理科大、ＩＣＵ（国際基督教大）も早慶と同水準の入学困難な大学との声がある。この声を無視はしないが、これら３大学は優秀な学生を集めてはいるが、卒業生の活躍度から評価するとまだ早慶には及ばないので、ここのカテゴリーに入れた。将来は早慶並みに卒業生として活躍する人の増加は確実にあるだろうが、現時点では少し見劣り感は否めない。

この３大学に続くのが、受験界で有名な言葉「ＭＡＲＣＨ（明治、青山学院、立教、中央、法政）」である。偏差値の高さから女子大の一つとして津田塾大がここに入る。最初の５大学すべてがマンモス大学であり、知名度はとても高いし、津田塾大は女子大トップの誉れが高い。東京女子大もこれに並ぶと考えてもよい。

なお余談ではあるが、早慶両大学を格上にしたうえで、ＳＭＡＲＴという言葉が最近になって台頭してきた。ＳはSophiaという上智大、Ｔという東京理大、ＭＡＲは従来のＭＡＲＣＨに含まれる明治、青山学院、立教である。受験界用語なのでこれ以上は踏み込まない。

関西地方にも「関関同立（関西、関西学院、同志社、立命館）」という言葉があって、これらの大学は「ＭＡＲＣＨ」に並ぶ地位を占めている。偏差値が高く、優秀な学生が入学するし、卒業生の活躍も目立っている。「ＭＡＲＣＨ」と「関関同立」は似た性質があるので、ここでそれを論じてみよう。なお細かいことをいえば、「ＭＡＲＣＨ」と「関関同立」の中でも、本書では法政大と関西大は難関大学（２）ではなく、中堅大学のグループに入れている。なぜ法政大と関西大を難関大学（２）から排除したかは後に説明する。

まずは歴史をたどれば戦前では専門学校として創立され（もっとも青山学院や同志社は英学

校という中等教育の学校から始まったし、他の大学も必ずしも旧制の専門学校からのスタートではない学校もある)、1920(大正9)年前後に旧制大学に昇格した歴史を持つ。ただし、関西学院の大学昇格は1932(昭和7)年、青山学院の大学昇格は戦後になってからである。したがってここに出てきた「MARCH」「関関同立」は古い歴史を有する伝統ある老舗大学と見なしてよい。

さらにこれらの大学はいろいろな学部を持つ総合大学という特色を有する。もっとも大学によっては、例えば旧制大学時代に法学を重視(例えば中央大、関西大など)、あるいは商学・会計を重視(例えば明治大)したことにより、現代でもその特色を引き継いでいる大学(代表例は中央大の法学)もある。とはいえすべての大学がマンモス校であることに違いはない。

もう一つの特色は入学の際の偏差値が高いことにある。知名度の高さも手伝って、「どこの大学ですか」と問われたとき、それほどの得意気はないが、かといって躊躇なくしかも恥ずかしさもなく、「○○大学です」と回答できる大学である。この名前を聞いた人も、お世辞にも秀才ではないが、そこそこの学力を持っているし、平均以上のステイタスを持っている人と理解する。

それらの大学にはいろいろなタイプの人が入学してくると想像してよい。東大・京大などの超難関大学の落ち武者はそういないだろうが、早慶を第一志望にしたがダメだったので入学したという人はかなりいるだろう。国公立の難関大学(1)の入試を失敗した人もかなりの数いるであろう。そして、当然のことながらＭＡＲＣＨや関関同立を第一志望にして入学した人も相当数いるだろう。

ここで列挙したいろいろなタイプの学生は、不本意で入学した人もいるだろうが、少なくとも世間で名の知られた大学に入学できたという安堵感を持つのではないだろうか。これを「とりあえずはＭＡＲＣＨ」という言葉で代表する向きがあるし、「人に馬鹿にされない有名大学に入れてよかった」と思う人が多いだろう。すなわち人並み以上の学歴を得ることができたという感情である。もとより人は様々で、落胆の思いの人もいれば、難関大学（２）という有名大学に入学できて万々歳の人も含まれている。

最後に、ＭＡＲＣＨや関関同立とは異なる大学について、一言ずつ述べておこう。上智大は戦後になって優秀な女子学生を多く入学させて、一気に名門校にのし上がった大学である。私立大学が名門度、知名度を上げる手段の一つとして、まずは優秀な女子学生を入れてからという策が成功した最初の大学である。名古屋の南山大学もこれに続いたと考えられる。しかし一度この策が定着するとその後の伸びは限られると言われることもある。早慶上智という言葉が一時流布したが、今は少し早慶に水をあけられたとの声もなくはない。

ＩＣＵは特異な大学であり、入学試験は他の大学と異なる方式を採用しているので、いわゆる偏差値では他大学と比較できない。講義の多くは英語で行われているので、英語に強い人が多いという特色がある。名の示す通りキリスト教系の大学であり、教授も原則としてクリスチャンが多い。国際色豊かな人を輩出しているのが特色である。

この大学も上智大と同じで、戦後しばらくは優秀な女子学生が多く入学し、あまりにも多くの優秀な女性が応募してくるので、入学基準を男性には少し下げて、意図的に男性を入学させようとした歴史がある。

東京理科大は、戦前から物理学を中心にした理科系の専門学校として有名であり、戦後の新制大学に昇格して以来、名門大学の誉れが高い。偏差値も早慶の理工学部と同じ程度の高さなので、難関大学（1）に入れてもよいが、早慶ほどの派手な活躍をする人を出していないし、地味な大学なので難関大学（2）にとどめた。ただし、2015（平成27）年に日本の私立大学卒業者（学部は国立大の山梨大、大学院修士課程が東京理科大）として初めてノーベル賞（生理・医学賞）を受賞した大村智を輩出している。

戦前この専門学校は入学はやさしく、卒業はむずかしくと言われたように、勉学には厳しいものがあることで有名であった。今でもその伝統は続いており、研究・教育に熱心な大学としての名声は名高い。理科系の私立大学としては日本一のステイタスを保持していると言っても過言ではない。

ここでこの項に登場した難関大学（2）の女子学生比率を見ておこう。数字は2018（平成30）年である。まず関東のMARCHであるが、明治大35・3％、青山学院大50・6％、立教大54・0％、中央大37・9％、法政大37・8％である。一方の関西の関関同立では、関西学院大49・3％、関西大40・6％、同志社大42・9％、立命館大37・1％となっている。

　この数字を早慶両大学と比較すると、次の特色を指摘できる。第1に、女子比率のとても高い青山学院大、立教大、関西学院大を除くと、残りの大学は早慶並みか、それよりやや高いという比率なので、入学試験難易度が少し早慶の方が高いことの反映である。

　第2に、この表で印象的なことは、青山学院大、立教大、関西学院大、同志社大というキリスト教系の大学が、他の関東と関西の大学よりもかなり女子比率が高いことにある。橘木（2013）で強調したことであるが、女性の間ではキリスト教系の高校、大学が大人気である。3B、3Kという隠語が教育界、女子学生の間では存在するように、キリスト教系の学校はなんとなくモダンで垢抜けている雰囲気があるのが人気の要因である。

法政大学と関西大学

　MARCH、関関同立という呼称は定着しているので、難関大学（2）に入れてもよいが、受験界の方にヒアリングすると、この中でも法政大学と関西大学はやや特殊な地位にいるとされる。他の大学からこの地位を脅かす可能性があるか、新しいメンバーが入る可能性があるからである。例えば、関西大に対しては近畿大が虎視眈々と狙っているとの指摘があるし、MARCHにはGMARCHという呼称があるように、G（学習院大学）がその地位と同一視されることがある。ここでこの両大学を見ておこう。

この両大学は特色をいくつか共有している。第1に、創立時の前身校が法律学校である。法政大は1880(明治13)年設立の東京法学社と1886(明治19)年設立の東京仏学校を起源としている。関西大は1886(明治19)年設立の関西法律学校が起源である。法学を教えることと、司法関係の専門家を養成することを目的としていた点で共通である。

明治時代の法学にはヨーロッパにおけるイギリス法を中心に研究・教育する学校と、ドイツ・フランスといった大陸法を中心にする法学校の二つがあったが、法政大の場合には東京仏学校がいみじくも示すように、フランス法体系を中心にしていた。ちなみに、東京帝大はドイツ法、中央大はイギリス法の学校という特色を有していた。関西大学(関西法律学校)はフランス人のギュスターヴ・ボアソナードに学んだ教師陣が多かったので、フランス法体系の学校と見なしてもよいが、法政大(東京仏学校)ほどのフランス法中心ではなかった。

第2に、1920(大正9)年の大学令によって法政大学となり、1922(大正11)年に関西大学として、ともに大学に昇格した。現代では両大学ともに大きく成長し、法政大は15学部を、関西大は13学部を擁しており、東京・大阪を代表する有名な総合私立大学となっている。したがって卒業生の数は多く、日本におけるあらゆる分野において人材供給の重要な拠点校となっている。

第3に、戦後しばらくの間、両大学はいわゆるバンカラ色の強い大学、すなわち男臭いイメージが強い大学であった。しかし徐々に女子学生の数も増加したので、今ではバンカラ色はかなり弱まって、他の大学と大差はない。その象徴は法政大の現総長が田中優子（江戸文化研究者）であり、マンモス私立大学では珍しい女性総長が出現している。

第4に、筆者の専攻する経済学に関しては、両大学ともに戦後の30〜40年ほどは経済学者にマルクス経済学専攻の教授が多かった。特にそれは法政大に顕著で、東大マルクス経済学の大物であった大内兵衛が総長になった頃に目立っていた。しかし時代が進むにつれてマルクス経済学は退潮したので、両大学ともにマルクス経済学は勢力を弱めることとなった。

以上をまとめると、設立の起源を法学に持つなど、様々な共通性がある。その後成長を続け、今は東西の大都市にあるマンモス私大として存在感のある大学となっている。

津田塾大学

歴史をたどれば、明治初期に満6歳という幼少期に岩倉具視使節団と一緒に渡米し、アメリカで初等教育を終え、2度目の渡米でアメリカの女子大を卒業した津田梅子が開設した女子英学塾が起源である。女子専門学校となったが、女子教育が家政学を中心にしていたのに反旗を翻し、英語をはじめとした教養科目を中心にしての教育であった。

戦後に新制大学になってからもその伝統は続き、家政学以外の英語・英文学、国際関係、数学・情報、総合政策といった学問を教えているユニークな女子大学である。入学者の水準も高く、国立のお茶の水女子大学に勝るとも劣らない質の高い女子学生が入学している。真面目に勉学に励む学生の多いのが校風となっており、卒業後も教員、研究者、企業人として活躍する人を輩出している。

中堅大学

本書では中堅大学を偏差値が47・5以上の国公立大と私立大が該当すると定義した。換言すれば、偏差値50を真ん中にして上は52・5、下は47・5の範囲内にある大学が中堅大学である。

社会科学系であれば全部の国公立大がここに入っており、中堅より下のランクという大学は国公立には存在しない。国公立の人文科学系であれば、1大学のみ（北海道教育大学岩見沢校）が存在し、それより下位の大学はない。新制大学設立当時の一県一大学の方針により、国立大学は地方に多いが、これらの国立大に加えて各県の県立大がこの中堅校に入る。国公立大学のほぼすべてが中堅大学以上であると理解できる事実と、私立大学には中堅大学より下位の大学が数多くあるという事実を組み合わせると、日本の大学は総体で評価すると、国公立大学が私立大学よりも格が上、あるいは質が高いと結論付けられる。

私立大学のどういう大学が中堅であるかに関しては、多くの大学があるのでここでは名前を列挙せず、受験界でよく語られる言葉を用い、しかも知名度の高い大学で代表させよう。それは東京圏であれば「日東駒専」、京阪神であれば「産近甲龍」と称される大学である。すなわち、日本大、東洋大、駒沢大、専修大といった大学、京都産業大、近畿大、甲南大、龍谷大といった大学である。これらはすべて総合大学であり、規模も比較的大きい。ちなみにこのグループにいる日本大は、学生数7万人を超す日本で一番規模の大きな大学である。

ここで中堅大学の存在意義を考えてみよう。必ずしも最優秀な教員・学生を抱えているのではないが、劣る教員・学生もいないという、ごく平均的な大学が日本の社会・経済の基礎を支えている人を多く輩出している価値は非常に高い。一国の経済発展は一部のエリート・指導者がいるだけで達成できるものではない。確かに優秀な指導者は国の発展をリードするために必要ではあるが、それに応えて実際に働くことによって生産活動に励む多くの人がいないと、現実にその成果は出現しない。しかも指導者の教える新しくて困難な技術や生産方式、そしてサービスのあり方をよく理解して、それを現場で活かして実行する人々が必要である。この任務に当たるのが、平均的な学力と能力、そして意欲を持つ数多くの人々の存在である。具体的には、ここでの中堅大学を卒業した人がこの役割を果たす。

ここで述べたことに説得力を持たせるために、一つの国の例を示そう。それは今かなりの経済発展を遂げた、戦前から戦後数十年のインドを知ることによってわかる。一昔前のインドではイギリスなどに留学した一部のエリートはとても優秀で、高い学問・技術水準を誇っていた。それらの人に仕事を与えるため、インドは貧しい国なのにロケットや原子力の開発に資金を投入したのである。こういう非常に優秀な人がロケットや原子力の技術を開発しても、現実の経済では実を結ばず、経済発展に貢献することはなかった。その一つの原因は、優秀な人の考えた技術を現実の生産の現場で活用することが不可能であったからだ。それにあたる平均的な学力・能力を持つ人が少なかったことと、生産体制と設備をつくる資金が、国が貧しいだけに欠如していたからである。

インドに関してもう一つ付け加えれば、現代のインドでそういう格別に優秀な人は、アメリカを筆頭にした世界でのＩＴ企業において優秀な技術者として働いている。アメリカのシリコンバレーでのＩＴ産業はインド人が担っているとされるほどであるが、決して誇張ではない。こういう格別に優秀なインド人が本国に帰って、インド国内でのＩＴ産業の発展に尽くせば、もっと強い経済の国になるかもしれない。まだ1人当たり国民所得の高くないインドはもっと豊かになるかもしれない。インドの専門家によると、インドに根強く残る身分社会を象徴するカースト制度がなくならないと無理、との声もあるが、本題から離れるのでこれ以上言及しない。

日本大学

日本で最大規模を誇る日本大学を少し知っておこう。歴史をたどれば、1889（明治22）年に日本法律学校が設立の起源である。私立大学の多く、例えば中央大学や関西大学などが法律の学校としてスタートした経緯と同じである。官僚は東京帝大などの官立大に任せ、司法は民間で育てるとの仕分けがあったと理解してよい。

その後専門学校を経て、1920（大正9）年に大学令によって早慶と同様に旧制大学に昇格した。法学のみならず、文学、経済、工学、医学、歯学などあらゆる学問を専攻する体制をつくり、日本一の規模とあらゆる学問を研究・教育する学校になったのは戦前であり、戦後の新制大学はその拡張路線をますます発展させて、今日に至ったのである。ほとんどすべての学部（ただし大都会の大学らしく農学部を除く）を持つ総合大学である。

日本大学の特色をいくつかまとめておこう。第1に、東京圏のみならず日本各地に学部を持ち、一つの学部があたかも専科大学のような様相にある。第2に、日本企業の社長では日大出身者が最大多数である。もっとも社長といっても上場企業や大企業は少なく、中小企業で社長をしている人が多い。これは日大卒業生が大企業で業績を上げる人が少ないというのではなく、そもそも大企業に日大生が採用される数が少ないからである。

経営者のみならず、他にも地方公務員、警察官、一級建築士などあらゆる分野で多くの人を輩出しているので、日本の社会・経済の屋台骨を支えていると言っても過言ではない。これも中堅大学特有のイメージを醸し出している。

日本大でユニークな学部は芸術学部であるし、筆者はこの学部をとても高く評価している。伝統的な学問と異なり、写真、映画、音楽、演劇などの芸術系の科目の研究・教育を行っている。官学にも東京芸術大が明治時代以来あるが、どことなく上品というか、悪く言えばお高くとまった音楽や美術といった芸術作品を生む人を養成してきた。一方、日大芸術学部は庶民に愛される芸術作品を生み出す人を多く輩出することに成功した。写真家、映画やアニメの監督、作家、脚本家、俳優、作曲家、タレントなど、様々な分野で多くの国民の間で人気を博する卒業生を輩出している。

その他の大学

偏差値が40より上で47・5に満たない大学がこのクラスに入る。どういう大学がこのクラスに入るか個々の大学名には深入りしないが、受験界は知名度の高い大学にわかりやすい名称を献上しているのでそれを用いてみよう。

東京圏であれば、「大東亜帝国」、京阪神であれば「摂神追桃」と呼ばれる、大東文化大、東海大、亜細亜大、帝京大、国士舘大が前者であり、摂南大、神戸学院大、追手門学院大、桃山学院大が後者である。複数の学部を持つ総合大学であり、戦前から存在した中等学校や専門学校を前身とする大学もあるが、ほとんどは戦後の新制大学時代の誕生である。従って古い歴史を持たない後発大学なので、いきなり名門大学になるのは困難であった。

他にもこのグループに属する大学は数多くあるが、ほとんどが私立大学であるとともに、戦後、特に１９７０～90年代に創設された大学が多い。これは戦後になってから30～50年後の１９７０～90年代に、日本の家計所得が増加したことによって、多くの子弟が大学進学を可能とする時代になったのに対応している。これまでなら、高校卒業後に経済的な理由によって泣く泣く就職していた人と、学力不足で大学進学のできなかった人が、大学進学希望に転じた結果、そういう人々を受け入れる場として新設された大学なのである。

このような特色を持つ大学なので偏差値はそれほど高くなく、中堅大学の後塵を拝するのはやむをえない。しかし、そうであっても筆者はこれらの大学の存在意義は高いと評価している。なぜならば大学のランクは相対的な評価に基づくものなので、必ず下位に位置する大学は存在する。しかしたとえ下位ランクという不名誉な地位にいたとしても、これらの大学で確かな教育や種々の訓練を受けた結果、その人の資質なり生産能力が高くなれば、それは非常に価値があることとなる。相対的なランクは高くなくとも、その人の人材としての絶対的な価値が高くなるのであれば、こういう大学には存在価値がある。

ではどういう教育なり訓練を施せばよいかが論点となる。第1に、もっとも重要なことは、世間から見ると下位ランクの大学と見られているので、在校生は世間をはばかるというか、自信を持っていない可能性がある。その自信のなさは何事にもまして、積極的な行動に向かわせるのに足かせとなる。人間は自信があると、実力以上の力を発揮することがあるので、なんとかこれらの大学の学生に自信を持たせる必要がある。

第2に、その具体策として筆者は実務能力を高めるような教育・訓練を施す方策を提唱したい。どういうことかというと、これらの大学に入学してくる学生は、高校時代に学んだ国語、英語、数学、理科、社会といった科目で評価される偏差値が高くない特色がある。これらの科目は学問に通じるものであり、大学での学問を研究・教育するには役立つかもしれないが、それ以外の社会に出てから職業人として働く際に役立つ技能ではない。むしろ役立つ技能を充分に蓄積すれば、たとえ純粋学問には弱くともそのハンディを大きく克服できる可能性を高める。

例えば、語学であれば読解力や文章を書く能力などよりも徹底的に会話能力を高めるとか、企業での営業、経理、人事といった仕事に役立つマーケティングの実際、簿記・会計の実践能力、労務管理の方法などといったように、企業で働く際に優れた仕事ができるような訓練を徹底的に行うのである。

他にもいろいろな技能が企業で活かせる分野があるので、大学はこれらの技能を徹底的に教え込んで、たとえ純粋学問にはそう強くない人であっても、卒業後に企業人になったときは優れた技能を発揮できる可能性を高める。これが自信につながること間違いなしである。

第3に、企業で頑張って出世したいと思わず、むしろ安定した生活を望む人には、公務員が勧められる。それも高級官僚を目指さず、むしろ地方公務員を中心にした一般職を目標にしてよい。公務員として、警察官、消防士、自衛隊員といった職がある。身体能力に秀でていなければならないので、体力の増強、そしてリスクに対応できる強い精神も必要である。これらの職には試験が課されているので、大学はこの試験に合格するような準備教育を熱心に行うことが奨励される。体力増強のためにはスポーツ重視の教育は手助けとなる。

以上をまとめると、大学卒業後に望みの職業に就けるような教育・訓練を行ってほしいということになる。この主張に対して反対論が結構強いかもしれない。「大学は学問をする場所だ」との論理に立脚して、伝統的な学問をこれらの大学でも教えるべきだ、との主張である。ところが今や同一年齢の50％を超す人が大学に進学する時代である。学問はある程度の知能・学力を持つ人、そしてそれに取り組む意欲のある人にふさわしいので、さして勉強を好まない人にまで学問を強要するのは酷であると述べれば、ますます反感を買うかもしれない。

Fランク大学

このグループに属する大学は偏差値が40に満たないので、少なくとも学力という点では低いのは事実である。受験界では「Fランク」の大学と称されて、中には学生数不足で「倒産」ないし他の大学による合併吸収というのもありうる。一昔前なら大学に進学していなかった学生が、進学率が大幅に上昇したことにより、増加した入学希望者を受け入れたという意味でこのような大学になっているのである。

こういう大学で教えている先生からの話によると、中には高校でのごく初歩的な基礎数学や、中学校上級の英語、あるいは日本語の読み書きが十分にできずに進学してくる学生がいる。こういう学生には、大学教育を受けることができるように、入学時に学力の補習というレメディアル教育をする大学もある。このような学生はそもそも大学教育を受ける資格がないので、大学進学させる必要なし、との意見もあるが、筆者はこの意見に賛成しない。

なぜならば、こういうレメディアル教育をやってまで学生を育てようとする意思のある大学が存在する限り、少しでも学力なり資質の高まる学生を世に送り出せるメリットがあるので、こういう大学の存在は容認する。レメディアル教育をやってから、大学での本格的な教育を熱心に行うと期待できるので、たとえ入学してくる学生の学力は高くなくとも大学教育の価値はある。

とはいえ、既に述べたように、伝統的な学問に固執するのではなく、企業などの実社会に入ってから役立つ実務科目の教育と訓練を徹底的に行ってほしいという希望を再述したい。なぜそれが望ましいかは既に述べた。大学教育の目的の一つは社会に出てから、その人が職業人としてうまく働けるような準備を与えることにあるからによる。

3 お嬢様女子大対名門共学大

お嬢様女子大とは

よくお嬢様女子大という言葉が飛び交う。その厳格な定義は不可能であるが、人々はなんとなくそのような大学の存在を認識している。人々の抱くイメージは次のようになろうか。すなわち比較的裕福な家庭に育ち、家柄や血筋が気高いのであればなおさら典型であるが、それらの数はとても少ないので条件ではない。女子大か共学大かの進路選択では、進んで女子大を選択する女性と言ってよいかもしれない。

女子大学では社会に出てから職業人として働くための学問なり技能をそう教えないので、卒業後働かないか、しばらくは非専門職として働いてから、結婚・出産とともに専業主婦になる人が多い。専業主婦養成大学と呼べば、現代の女子大関係者の批判を受けるであろうが、その側面はまだ大なり小なり残っているのが、お嬢様女子大である。

そういうような大学では文学、語学、歴史などを中心にした人文科学、あるいは教養科目、そして家政学などを教えており、理工系や社会科学を教える大学は非常に少ない。ただしお嬢様女子大であってもごく一部にはキャリア志向の学生もいて、学校の教師や幼稚園の先生になる人もいる。

もう一つの特色は、お嬢様女子大学の多くは付属の女子中・高を持っており、それらの高校からの進学者が多い。したがって大学に入学する以前の子どもの頃から女子大進学を念頭においている女子が多い。これは家庭が比較的裕福な女子が多いということとも関係しており、私立学校にお嬢様女子大学の多いことの証明ともなる。

ところが最近になって新しい変化が見られる。お嬢様女子大の付属高校が大学受験に強くなった現象を呈するようになり、上にある女子大学に進学する人が少なくなったのである。全部の大学がそうとは言い切れないが、一部のお嬢様女子大学の付属高校から難関大学の入試を突破してそういう大学に進学し、上の大学には進まないのである。その典型校を書けば、横浜のフェリス女学院高校、東京の白百合学園高校、兵庫県西宮の神戸女学院高などである。

では一昔前にお嬢様女子大として名前の挙げられた大学を記しておこう。各地に一校あたりと東京圏と京阪神地区には複数校ある。北海道は藤女子、関東は聖心女子、白百合女子、日本女子、東洋英和、フェリス女学院、中部は金城学院、関西は神戸女学院、甲南女子、京都女子、同志社女子、中国はノートルダム清心女子、などが挙げられていた。

こういう名前を見ると、裕福な家庭のお嬢さんが学んでいそうだし、もう一つの有力な共通点はキリスト教系の大学が多いことである。勉強、勉強というよりも教養を高めて品位のある女性として養成され、いい配偶者に恵まれて幸せな家庭を築くようにする、という目的が見え隠れする。東京のお茶の水女子大、津田塾大、東京女子大、関西の奈良女子大などのように、将来のキャリアをも見据えての教育を行っている大学とは異なっていた。しかし、既に述べたように今ではここで述べた姿に変化もあるので、それにも言及したい。なお、特定の大学（聖心女子、神戸女学院）を代表して論じる。

聖心女子大学

もともとはフランスで発足した女子修道会の下で、その日本校が１９１６（大正５）年に開設された学校である。戦前にも女子専門学校はあったが、戦後に新制大学になってからが本格的なお嬢様女子大である。美智子上皇后陛下の母校であったことから、一気に知名度が高まったのである。それこそ良家の子女が学ぶ学校として令名が高くなり、結婚相手にする女性として最も格の高い人の学ぶ学校との評判が定着した時期がある。

付属の女子高や全国の系列校から一定数が上の大学に進学する特色を有している。これは多くのお嬢様女子大の持つ入学者の選抜と同様に、小学校の時代からこういう大学を目指す子女と親のいることを示している。内部進学をする人に限れば、女子だけの落ち着いた環境の中で情操教育などを充実させていることがうかがえ、お嬢様女子大と世間から認知されている。

実は聖心女子大の初期の頃は、例えば緒方貞子のようにアメリカの大学院で博士号を取り、大学教授を経て後に国際連合難民高等弁務官という国際的に重要な職をこなした人がいるし、曽野綾子という作家も輩出するなど、専門職に就いた女性もいた。しかしその後はややその特色は薄れ、良き女性、良き妻、良き母になるための教育に向かっていったとも言えなくもない。現代は女性の活躍が大いに期待される時代になっているが、良家の子女に良妻賢母を育てる教育を中心にするよりも、職業に就いて働く女性を育てるのが好ましいとの声は強くなりつつある。聖心女子大もこの方針を採用中と主張している。筆者はそれぞれの大学はこういう教育方針で臨むべし、などと大それたことを主張する資格はない。それぞれの大学が決めることであるとよくわかっているつもりである。

神戸女学院大学

神戸女学院は１８７３（明治６）年にタルカット、ダッドレー両氏によってつくられ、英語、聖書、英語唱歌を教える私塾がスタートなので、古い学校であるとともに長い伝統を誇る。

１８７９（明治12）年には「英和女学校」と称するようになり、１８９４（明治27）年には「神戸女学院」と改称した。１９４８（昭和23）年に新制大学の神戸女学院大学が認可された。

もともと阪神間は中学受験が盛んな地域であり、男子と女子でもっとも出来のよい小学生は、それぞれ灘中と神戸女学院中に進学する。灘高は全国でもトップの大学への進学実績を誇る男子校になっているが、少なくとも神戸女学院中にも能力の高い女子が入学していたのである。ところで30〜40年前にあっては、ほとんどの神戸女学院中・高の卒業生は、上の神戸女学院大学に進学していた。他の高校から神戸女学院大学に入学してくる学生も、水準の高い公立の高校から優秀な女生徒が入学していたのである。まとめれば優秀な学生を集めていた神戸女学院大学だったので、その名門ぶりは高かった。しかも関西ではお嫁さん候補ナンバー・ワンであった。

しかし20年前あたりから様相が変化したのである。神戸女学院の中・高等部卒業生の中で上の神戸女学院大学に進学する人が減少し、他の大学に進学するようになった。1990年頃にあっては、約3分の1が他の大学に進学するようになったし、現在では非常に少ない人しか進学しないという状況にある。神戸女学院大学以外の大学に魅力を感じるようになったのである。神戸女学院の中・高等部は情操教育や英語教育を徹底して行い、受験教育をやらないことで有名なので、他の大学に進学する人は塾や予備校に通って受験に備えるようになった。もともと素質の高い女生徒が多いので、東大や京大、あるいは医学部に進学する人を少なからず輩出したのである。神戸女学院の中・高等部が受験教育を嫌っていることは、卒業生がどこの大学に進学しているかを公表していないことからもわかり、徹底して受験教育を行っていないのである。私立学校の教育理念はいろいろあってよい。

お嬢様女子大の2校、すなわち聖心女子大と神戸女学院大を論じてみた。両校ともに名門の誉れは高かったが、その特質は異なっていた。特に付属の中・高からの進学に関して差があったが、神戸女学院の中・高校が変化したことにより、これまで内部進学者の多かった神戸女学院大学は変容したのである。今であれば聖心女子大の方が、お嬢様女子大の特質をやや保持していると考えてよい。

一昔前のお嬢様女子大学として東西の代表校、聖心女子大と神戸女学院大を論じて、その変化を探求してみたが、今でもお嬢様女子大は存在する。入学はそれほど難関ではないと言ってよい。大学での教育は人文、教養科目と家政学を中心にして教え、卒業後しばらくは働くが、キャリア志向はさほど強くなく、結婚・出産を機に退職する女性が多い。

名門共学大における女子学生

　ここで議論の対象になるのは、超難関大学と難関大学で学ぶ女子学生である。お嬢様女子大学との比較をするなら、共学の中堅大学で学ぶ女子学生との対比をするのが自然かもしれない。なぜならば両者の大学の入学難易度や資質はほぼ同等に近いし、卒業後の就業状況や家族の形成の仕方にも近い面があるといえる。この両者を比較して得られる結論は比較的単純明快である。すなわち、女子大を選ぶか共学大を選ぶかの分岐点は、好みに依存するのである。共学大志向か女子大志向かの違いかという個人の趣向でかなりの説明ができるのである。

　ここでは共学の難関大学で学ぶ女子学生を比較の対象とする。興味の視点が大学教育の内容と卒業後のキャリアとして鮮明に対比が可能だからである。

　まずは超難関大学の女子学生を考えてみよう。中学・高校時代に学力は高かったし、勉強も好きだったので、難関大学に進学したいとの意志は強かった。そこで高校時代は勉強に励み、超難関大学に挑んだのである。女子大に超難関校がないだけにこういう女子高生は共学大学を選ぶしかなかったと言えるし、女子大には自分が専攻したい学門を教える大学があまりないので、共学大を選択するしかなかったのである。

もう一つの理由は、卒業後のキャリア志向が強いだけに、社会科学、自然科学、医学などを学びたい女性が多く、これが特色となっている。とはいえ、学力の高い女子高生であっても、文学や教養科目の専攻志向はまだ残っている。東大においても文学部、教養学部の女子学生比率がやや高かったことを既に示したことでもわかる。

超難関大学で学ぶ女子学生の特色は、学力が高くかつ専門性の高い科目を選ぶので、卒業生はキャリア志向がとても強いことにある。司法関係で働く人、医師、研究者や大学教授、そして企業であれば将来の幹部候補生である総合職で働く人がほとんどである。自己に自信のある人が多いし、まわりもそれを期待するので、専門職や管理職に就くのが自然な姿である。

ただし男性でこういう超難関大学を卒業した人と比較すれば、それぞれの分野でものすごい成果というトップの貢献や、組織であればトップの地位を占めた女性はまだとても少ない。学歴と能力・資格からするとそういう地位に就いてしかるべきであるが、女性は排除されていた。例を示せば、政治の世界ではまだ日本では女性の首相は誕生していない。司法の世界では歴代の最高裁判所長官はすべて男性である。学問の世界では戦後の二十数名のノーベル賞受賞者はすべて男性である。上場企業の社長職に関しても、ほぼゼロに近い。

このような各分野におけるトップのみならず、それに至る一歩前の地位を占める女性の数も非常に少ない。政治の世界における大臣、官庁における次官や局長、最高裁の判事、高裁の長官などになる女性も非常に少ない。もっとも時には女性を抜擢するべしとの声に応じて、意図的に大臣、最高裁判事、次官・局長などの地位に就く女性も少しはいた。学者や研究者は自己の実力・業績で評価される側面が強いので大学教授に就いた女性は少なからずいたが、何分にも女性学者の数が少ないので、ノーベル賞級の仕事をする人は日本では当然として、外国でもとても少なかった。

もっとも数の少なかったのは上場企業、すなわち大企業における社長というトップと重役という幹部であった。たとえビジネスの世界で超一流の仕事ができそうで、能力・実績があってしかも超難関大学の卒業生がいたとしても、企業社会は男性社会なので差別があって女性の抜擢はまずなかった。それよりもっと重要な理由は、たとえ超難関大学で学んだ女性であっても、昔であれば上場企業で雇用されることはなかった。企業内で幹部に昇進させてよい女性の候補者すらいなかった、というのが現実である。

ところが1985（昭和60）年の男女雇用機会均等法により、採用や昇進への女性差別撤廃案が導入され、女性大卒の採用が始まった。さらにこれを機に雇用者を総合職と一般職に区別する制度が導入され、将来の幹部候補としての総合職が新しく設けられた。女性大卒の総合職採用には難関大学と超難関大学の学生が対象となった。それ以前には幹部候補生は男性のみであったが、その時もそれらの大学に属する人を主として採用していた伝統を、女性にも適用したのであった。ところが女性総合職の採用数は男性と比して非常に少なかったので、企業は女性総合職の採用を超難関大学と難関大学に限定することができた。

それも超難関大学に集中し、難関大学からの総合職採用数はそう多くなかった。現に東大、京大、一橋大、東工大という国立大だけに限定する超名門、超人気企業もあった。ほんの数人の女性総合職の採用数ならば、そういう策も可能であった。普通の大企業では難関大学（1）が中心となり、難関大学（2）の採用数はごく少数となったので、難関大学（2）の女子学生が総合職として採用されるには競争が熾烈となった。

以上をまとめると、総合職になる女子大生に関しては、超難関大学と難関大学（1）が多く、難関大学（2）であれば選抜競争は厳しかったので、一部の人だけがそうなるのであった。ただし、既に強調したように、せっかく総合職で採用されたとしても、結婚・出産によって、あるいはほかの理由によって中途退職する女性はかなり多かったのである。

総合職を選ばない難関大学の女子学生の増加

総合職に就く女性は超難関大学と難関大学にほぼ限られていたが、コース別雇用制度が進行するにつれ、超難関大学の中で総合職を選ばず、最初から一般職を選ぶ女子学生の増加が見られるようになった。総合職を選択して受験してみたが採用されなかったので、仕方なく一般職で採用された、という人が多かったが、最近では意図的に最初から一般職の選択をするのである。

例えば上場企業の総合商社であれば、一昔前では一般職の大半は中堅大学に属する女子大学の卒業生であったが、最近では一般職の70～80％が早慶女子というように変化したのである。すなわち超難関私立大の女子学生が占めており、残りの20～30％も難関大学（２）の私立大、すなわち上智、ＭＡＲＣＨ、といった大学の女子学生で占められるようになった。

早慶女子の一般職全員が最初から一般職志望であったとは言えず、一部は総合職志望から変更した女性であることは確実であるが、かなりの多くが最初から一般職志望であったとされている。なぜ難関大学のうち、早慶などの女子学生の一般職が増加したのであろうか。いろいろな理由を指摘できる。

第１に、これまでの時代は女性活性化の掛け声が強かったが、これがピークに達すると一部の大卒女性は、一心不乱に働いて出世するよりも人生を楽しみたいとする人が増加した。これは女性のみならず男性の中にも増加している。例えばこれに関しては橘木（２０１６）参照。これは日本人全体が働くことよりも人生を楽しみたいとする人の増加が指摘されている。これは企業で総合職としてバリバリ働いて出世を目指すよりも、一般職としてそこそこ働くので十分とする人の増加をも意味する。早慶女子、そして東大、京大の一部の女子学生にすら、そういう人の増加があっても不思議はない。

第２に、これは第１で述べたことに多少反するかもしれない。補助的・定型的な仕事をしていた一般職が、既に述べたように非正規労働者で代替されつつあるので、一般職の仕事の質が高まりつつある。すなわち、一般職の仕事が従来は総合職の行っていた非定型的な責任を伴う仕事になりつつあり、総合職と一般職の違いが小さくなったのである。それゆえ、一般職と呼ばれながらもやりがいのある仕事ができるなら、あえて総合職の名前にこだわらなくてよい人が増加した。その事実として総合職と今の一般職の間にあった処遇の差が縮まっているとされる。この傾向が続けば、一般職の数が減少して、総合職に統合されるかもしれない。

第3に、その傾向の究極の出来事は、転勤だけを強要しない地域限定総合職の創設である。やや無理な解釈かもしれないが、地域限定〝総合職〟は総合職という名前を残して従業員の自尊心をくすぐり、実態は変わりつつある一般職に近い姿に等しいとの解釈も可能である。

第4に、これは多数存在する現象ではないが、働くことは結婚・出産までのことと考える女性が難関大学にもいるので、敢えて進んで一般職をねらうのである。総合職であれば将来の幹部候補生であることが暗黙に了解されているので、結婚・出産後の退職をするかもしれないと思っておれば、一般職でかまわないという気になるのである。

第5に、既に強調したように総合職は転勤が前提とされている。自己の人生として地域を移ることを好まない女性もいるわけで、転勤のない一般職を当初から志願する女性が難関大学にいても不思議はない。

お嬢様女子大と名門共学大における女子の違い

　結論を先に述べれば、お嬢様女子大での教育の方が、難関大学での教育よりも優れているので、高い研究水準を望まず良い教育を受けたいと希望するなら、女性にとってお嬢様女子大への進学は悪い選択ではない。いくつかの根拠を指摘できる。

　第1に、お嬢様女子大に属する先生は、名門大学に属する先生より教育の熱心さに長じている。旧帝大などの大学に属する先生方は研究に熱心であるが、お嬢様女子大の先生方は一部を除いて、研究時間の少ないこともあって研究にはそれほど熱心さはない。そうすると学生の教育に注力しようとする先生の数は多いものと想定できる。旧帝大などの研究中心大学は、研究意欲の強い人が多く集っていて、研究を推進させるために時間を使いたい先生が多い。

　既に述べたように、文科省は国立大学を（1）研究中心、（2）研究と教育の両方、（3）教育と地域貢献、の三つに区分しているのであり、超難関大学や難関大学の教授は研究を第一に考える人が多い。研究と教育を双方とも見事にこなす教授も少数ながら存在するが、研究に注力する限り教育はおろそかにならざるをえない側面がある。あるいは研究に半分は参加し、将来は研究者になる大学院生の教育や指導には熱心かもしれないが、学部生の教育にはそれほど力を入れないかもしれない。

一方女子大の教授にはそれほど研究への期待はないし、大学院がないか、あっても学生数が少ないだけに一部を除いて学部生の教育に熱心になる可能性が高い。大学当局もいろいろな形で良好な教育ができるような支援体制を整備している。

このように考えていくと、いい教育を熱心な教授から受けたいと希望するなら、お嬢様女子大への進学が勧められることになる。少なくとも将来に研究者といった専門職に就きたいとの希望のない人にとってはそのことが言える。

しかし一つだけ難点がある。男子学生は将来に備えて勉学や研究、あるいは職業に有用な技能を受けているが、女子大だとそれら学生との接触がないだけに、刺激に乏しい学生生活かもしれない。逆の発想をすれば、男性という異性がいないだけに惑わされずに勉学に励むことができるかもしれない。

最後に述べたことの余談になるが、将来の結婚相手を見つけるには共学大学に進学するのが好都合かもしれない。現代において結婚の成立する一つの前提は、学生時代の知り合いというのが結構多いことがわかっているので、共学大学が勧められるかもしれない。しかしこれは心配無用かもしれない。現代の女子大で学ぶ学生は、クラブやサークルを他大学と共同でやっているので、男子学生と接する機会が結構あることを、女子大の教員として知っているからである。もっともそういう活動に積極的に参加しない女子大生には当てはまらず、否が応でも共学大学に進学することを単純に勧められるかもしれない。

4 家庭を形成するときの学歴

結婚の相手

社会学や教育学では、日本の夫婦は同類婚（夫の学歴と妻の学歴が同一水準）が一番多いと主張してきたが、国立社会保障・人口問題研究所の「出生動向基本調査」で見る限り、1992（平成4）年こそ学歴が同一である同類婚が51・9％と過半数を占めていたが、その後は夫と妻の学歴が異なるケースが増え、今や同類婚は過半数を割り込んでいる。2005（平成17）年時点では、44・1％が同類婚、夫の学歴が女性のそれを上回る夫婦が35・1％、その逆は20・9％となっている。

筆者が中心になって独自に収集したデータを用いて、夫婦の学歴の組み合わせをさらに確認しよう。表5-2は2011年度に実施されたアンケート調査（標本数8058名）の結果である。詳しくは橘木・迫田（2013）を参照のこと。

まず男性の側から、どういう学歴の女性と結婚しているか見てみよう。中卒の男性は約33％

表5-2a　夫の学歴別に見た妻の学歴比率

（%）

		妻の学歴						
		中学	高等学校	専修学校・専門学校	高等専門学校	短期大学	大学	大学院
夫の学歴	中学	32.69	50.00	9.62		7.69		
	高等学校	4.29	67.84	8.70	1.01	13.62	4.16	0.38
	専修学校・専門学校	1.45	34.78	28.99	0.48	22.71	11.59	
	高等専門学校		38.57	10.00	12.86	24.29	14.29	
	短期大学	4.55	52.27	9.09		22.73	11.36	
	大学	0.67	30.13	8.62	1.45	30.18	28.13	0.83
	大学院	0.36	9.82	8.36	1.09	24.36	45.82	10.18

表5-2b　妻の学歴別に見た夫の学歴比率

（%）

		夫の学歴						
		中学	高等学校	専修学校・専門学校	高等専門学校	短期大学	大学	大学院
妻の学歴	中学	42.86	28.57	9.52			19.05	
	高等学校	4.87	54.12	7.23	2.52	1.34	28.57	1.34
	専修学校・専門学校	3.50	38.52	13.23	1.17	2.33	38.13	3.11
	高等専門学校		27.59	20.69	10.34	13.79	24.14	3.45
	短期大学	2.83	21.30	8.91	1.96	1.74	56.96	6.30
	大学	0.62	11.96	6.21	1.86	0.78	64.29	14.29
	大学院		4.26		8.51	2.13	36.17	48.94

資料：ともに橘木科学研究費調査（2011）「幸福感分析に基づく格差社会是正政策と社会保障改革」より作成

出所：橘木・迫田（2013）

が中卒の女性と結婚しているが、それ以上の50％が高卒の女性と結婚している。短大卒の女性と結婚しているのは約８％、大卒との結婚はゼロである。高卒男性は約68％が同じ高卒女性と結婚している。一方で、約18％が短大卒・大卒女性と結婚している。大卒男性は、中卒の女性との結婚はゼロに近く、高卒と短大卒の女性がともに約30％、大卒女性はそれよりやや少ないが同程度である。

次に女性の側を見てみよう。中卒の女性は、同じ中卒の男性と約43％、高卒男性と約29％が結婚しており比率が高い。とはいえ、大卒男性とも約20％が結婚している。大卒女性と結婚している中卒男性がほぼ皆無であったのと対照的である。高卒女性は約54％が同じ高卒の男性と結婚している。大卒男性との組み合わせは約29％である。こちらも、高卒男性が大卒女性と結婚する確率よりも、高卒女性が大卒男性と結婚する率の方が高いことがわかる。短大卒・大卒の高学歴女性は、それぞれ過半数以上が大卒男性と結婚している。高卒男性との結婚は短大卒女性では20％を超すものの、大卒女性では少数派であり、中卒男性とはいっそう少ない。

つまり、高卒男性が高卒女性と結婚する率、大卒女性が大卒男性と結婚する率を筆頭に、いまだ同類婚が多いということだろう。また、総じて女性の学歴が男性の学歴よりも低い組み合わせが多い。これは女性と比べて男性の方が、上級の学校への進学率がまだ高かったし、今でも少しだけ高いことを反映している。国全体のデータとも整合的である。

大学卒同士の結婚はどうか

本書の関心事である大学名にこだわってどこの大学を卒業した人と結婚しているかに注目してみよう。入試の困難な大学とそうでない大学の差が顕著となり、大学間の格差も拡大した。そして今日に至っては、大卒か否かの違い以上に、大学名の違いこそが重要だと多くの人が思い始めているのではないだろうか。本書では超難関大学、難関大（1、2）、中堅大学などに区分して論じた。そして結婚についてそれを分析してみた。

データでそのことを考えてみたい。『プレジデント』誌（2011）は独身男女それぞれ1000人にアンケート調査を行い、結婚相手の学歴、とくに大学名を挙げて、どのランクを理想とするか、あるいはぎりぎりどこまで妥協できるかを問うている。この表5-3a・bから、日本の学校間格差、男女差、心理的な葛藤など、様々なことがわかる。

まず、中卒、高卒の男女で相手に大卒を望む人は非常に少ない。高卒女性では大卒男性を望む人もいるが、大学名まではこだわらない人が大多数である。

男女差に注目すると、男性よりも女性のほうが相手の大学名にこだわる。大卒男性は女性の大学は無名大学でよいという人がかなりいるのに対して、女性の場合は自分の大学よりも名門度が高いか、同程度の大学の男性を望んでいる。「国立大・早慶上智クラス」卒業の女性の

表5-3a　独身男性1000人の理想&妥協ライン

（%）

自分の学歴	相手の学歴		A	B	C	D	E	無名の大学でもよい	F	G	H	どの学歴でもよい
H	中学校	理想	0.0	0.0	0.0	0.0	0.0	0.0	0.0	7.1	0.0	92.9
		妥協	0.0	0.0	0.0	0.0	0.0	0.0	0.0	7.1	0.0	92.9
G	高校	理想	4.1	0.4	0.0	0.7	0.4	14.4	5.2	23.3	0.0	51.5
		妥協	0.4	0.0	0.4	0.0	1.1	5.9	3.0	30.4	0.7	58.1
F	専門学校、短大	理想	4.5	1.1	1.1	1.1	1.1	19.7	8.4	10.1	0.0	52.8
		妥協	1.1	1.1	1.1	1.1	1.7	10.7	6.2	17.4	0.6	59.0
E	大・東・亜・帝・国クラス	理想	5.3	1.3	5.3	2.7	2.7	27.3	8.0	6.7	0.0	40.7
		妥協	0.7	0.0	0.7	2.7	5.3	14.7	13.3	19.3	0.0	43.3
D	日・東・駒・専クラス	理想	6.4	4.8	3.2	9.6	0.8	32.8	6.4	5.6	0.0	30.4
		妥協	2.4	0.0	0.8	7.2	3.2	24.8	12.0	12.8	0.0	36.0
C	成蹊・成城・明学クラス	理想	7.4	9.3	18.5	7.4	1.9	22.2	0.0	11.1	0.0	22.2
		妥協	0.0	0.0	13.0	1.9	7.4	25.9	11.1	16.7	0.0	24.1
B	MARCHクラス	理想	5.7	28.7	4.6	0.0	0.0	23.0	4.6	2.3	0.0	31.0
		妥協	2.3	3.4	8.0	5.7	1.1	13.8	13.8	13.8	0.0	37.9
A	国立・早・慶・上智クラス	理想	27.0	6.9	6.9	1.9	0.6	20.1	4.4	2.5	0.0	29.6
		妥協	2.5	5.7	8.8	6.3	3.8	19.5	5.7	11.3	0.0	36.5

表5-3b　独身女性1000人の理想&妥協ライン

（%）

自分の学歴	相手の学歴		A	B	C	D	E	無名の大学でもよい	F	G	H	どの学歴でもよい
H	中学校	理想	10.0	0.0	0.0	10.0	0.0	20.0	0.0	20.0	0.0	40.0
		妥協	10.0	0.0	0.0	0.0	0.0	0.0	10.0	0.0	0.0	80.0
G	高校	理想	8.4	2.3	3.4	1.5	0.8	32.4	2.7	15.3	0.4	32.8
		妥協	0.8	0.4	1.1	3.1	0.4	15.6	3.4	31.3	0.4	43.5
F	専門学校、短大	理想	14.9	9.9	5.1	3.7	2.9	39.2	3.5	4.0	0.3	16.5
		妥協	1.3	2.7	4.8	3.7	6.4	29.3	11.2	17.1	0.3	23.2
E	大・東・亜・帝・国クラス	理想	20.2	13.5	7.7	7.7	4.8	30.8	0.0	1.0	0.0	14.4
		妥協	0.0	3.8	4.8	8.7	17.3	35.6	3.8	4.8	0.0	21.2
D	日・東・駒・専クラス	理想	25.5	21.4	13.3	3.1	1.0	24.5	0.0	0.0	0.0	11.2
		妥協	1.0	6.1	7.1	24.5	7.1	26.5	7.1	5.1	0.0	15.3
C	成蹊・成城・明学クラス	理想	26.5	25.0	19.1	1.5	0.0	16.2	0.0	0.0	0.0	11.8
		妥協	1.5	4.4	27.9	14.7	2.9	22.1	5.9	5.9	0.0	14.7
B	MARCHクラス	理想	44.1	28.8	5.1	0.0	0.0	18.6	0.0	0.0	0.0	3.4
		妥協	1.7	23.7	16.9	13.6	3.4	25.4	3.4	3.4	0.0	8.5
A	国立・早・慶・上智クラス	理想	64.3	6.1	1.0	1.0	0.0	12.2	2.0	2.0	0.0	11.2
		妥協	16.3	16.3	7.1	12.2	1.0	16.3	7.1	8.2	0.0	15.3

出所：『プレジデント』2011年10月17日号より作成

64・3％が同クラス卒の男性を理想としているし、「ＭＡＲＣＨ（明治、青山、立教、中央、法政）クラス」卒、および「成蹊・成城・明治学院クラス」卒の女性の過半数が「ＭＡＲＣＨクラス」卒以上の男性を理想としている。

なぜ入学の困難な大学で学ぶ女性は、相手の男性も同クラスかそれ以上の大学卒であることを希望するのか。いくつか理由が考えられる。難関校に入学する女性は少数派なので、自分に自信がある可能性が高い。自信があれば、男性にも同等ないしそれ以上の大学を希望するのは自然である。一方で、男性は女性の方が難関大学の卒業であれば劣等感を抱く可能性があるため、自分より格上の大学卒の女性を避ける傾向があるとされる。少なくとも今までは男性の方が格上の大学を卒業していた組み合わせが主流だったので、それを踏襲したいと思っている可能性がある。

象徴的な例として、「東大以外の男性は、東大の女性を避ける」という半分笑い話、半分実話がある。しかしこれは逆に、「東大の女性は東大の男性にしか興味がない」という見方もありうるかもしれない。

それでは、結婚相手への大学名の希望をどれだけ実現しているのか。われわれが大卒同士の夫婦について集めたデータによる表５-４ａ・ｂを見てみよう。ここでは大学を九つのカテゴリーに分け、男女別に示している。

夫から見た場合、妻の大学カテゴリーは大きくばらついている。ところが女性を基準にして

表5-4a　夫の出身大学別に見た妻の出身大学比率

（%）

		妻の出身大学								
		旧帝一工	その他国立校	早慶	GMARCH・関関同立・ICU・上智	その他私立	医科大学	女子大学	短期大学	海外大学
夫の出身大学	旧帝一工	9.30	18.60	3.49	6.98	16.28		20.35	24.42	0.58
	その他国立校	1.65	27.72	0.33	3.30	17.16		17.82	32.01	
	早慶	1.16	10.47	17.44	4.65	16.28		17.44	32.56	
	GMARCH・関関同立・ICU・上智	1.09	4.35	0.54	18.48	19.57		21.74	33.70	0.54
	その他私立	0.50	7.30	0.76	3.27	32.24	0.25	13.60	40.55	0.51
	医科大学					20.00	20.00	40.00	20.00	
	女子大学									
	短期大学		4.44						55.56	
	海外大学		12.29		14.29	14.29		28.57	28.57	

表5-4b　妻の出身大学別に見た夫の出身大学比率

（%）

		夫の出身大学								
		旧帝一工	その他国立校	早慶	GMARCH・関関同立・ICU・上智	その他私立	医科大学	女子大学	短期大学	海外大学
妻の出身大学	旧帝一工	63.64	22.73		13.64					
	その他国立校	9.29	52.14	2.86	10.00	23.57	1.43		0.71	
	早慶	14.29	9.52	57.14	4.76	9.52				4.76
	GMARCH・関関同立・ICU・上智	10.84	18.07	4.82	45.78	15.66	1.20			3.61
	その他私立	7.73	16.57	4.97	12.15	56.91	1.10			0.55
	医科大学									
	女子大学	16.07	21.43	6.25	13.39	38.39	0.89			3.57
	短期大学	7.42	22.71	6.55	11.79	47.16	0.87		2.18	1.31
	海外大学		16.67			33.33				50.00

資料：ともに橘木科学研究費調査（2011）「幸福感分析に基づく格差社会是正政策と社会保障改革」より作成
出所：橘木・迫田（2013）

結婚相手の大学名を見るとすると、まったく別の結果が見えてくる。

まず、同じグループの大学を卒業した組み合わせが非常に多い。具体的な大学名まではわからないが、同じ大学の男性と結婚する人が多いのであろう。超難関と難関大学（1）の国立大学、「旧帝一工（旧帝大・一橋大・東工大）」グループに注目すると、同グループの男性の比率が約64％に達する。次いで「その他の国公立大」「GMARCH（先述のMARCHに学習院を加える）や関関同立（関西、関西学院、同志社、立命館）ほか」という比較的入試の難易度が高い大学卒の男性が続く。「その他私立」大卒の男性と結婚している女性がゼロであることが印象深い（「早慶」卒の男性との結婚がゼロなのは不思議だが、たまたまこのデータに出現しなかったのかもしれない）。

「早慶」卒の女性が「早慶」卒の男性と結婚する比率も約57％と非常に高い。早稲田大卒同士、慶應大卒同士の組み合わせと予想できる。早慶両大学の地位が入試の難易度や卒業生の活躍度から見ても高まっているので、両大学で学ぶ人の自信もついていることが理由の一つではないだろうか。

最後に、その他の私立大や女子大、短大の卒業生は、いろいろなグループの大学を卒業した男性と結婚している。とはいえ、もっとも比率の高いのは、いずれも「その他私立」大卒の男性との組み合わせである。

以上をまとめると、名門大学とされる「旧帝一工」「早慶」の両グループを卒業した女性は、同グループを卒業した男性との結婚を望み、かつそれを実現させている。ただ、それらの大学で学ぶ女性の数は男性と比べて少ないので、彼女たちに選ばれなかった、あるいはそれを避けた同グループの男性は、他の大学を卒業した女性と結婚することになる。これが男性側から見た、女性の出身大学の散らばりの理由である。

東大卒業生の結婚相手

東大出身者の結婚について、興味深いデータが二つある。一つは、１９６４（昭和39）年前後に生まれた東大女子学生１２６人がどういう人生を歩んでいるかに関する、週刊誌『アエラ』が収集したデータである。２００４年の収集なので、彼女たちが40歳前後のときのデータである。この女性たちは、男女雇用機会均等法が施行された頃に就職した総合職の初期生である。

１２６人のうち、職業に就いている人に関しては、会社員が34人、公務員が13人を数える。大学教員と研究員も計28人と多い。医師、会計士、建築士など専門技能の高い職業に就いている人も計11人いる。一方、やや意外ではあるが専業主婦も15人を数える。なお、夫の職業も彼女らの職業と似た比率である。

興味深い事実は、結婚している１０５人のうち夫も東大卒という人が70人を数えるので、およそ3分の2前後が東大男性と結婚しているのである。東大以外の国立大卒を含めると94人にもなり、なんと90％にも達する。東大卒女性が自分と同クラスの国立大卒の男性と結婚していることがわかる。

もう一つのデータは東大卒男性の結婚相手である。橘木科学研究費調査（2011）に基づいて、年収1000万円以上の東大卒の男性19名の妻の学歴と勤務状況を抽出してみた。高所得者に絞ったデータであるため、男性は1人を除き年齢が40代以上となっており、専業主婦が12名を数えている。妻の学歴に注目すると、短大卒が4名、大学卒が13名という高学歴である。東大卒はいないが、お茶の水女子大、津田塾大、フェリス女学院大、上智大、慶應大、京大、米ハーバード大、と名門大学の卒業生が目立つ。ここで得られた東大生の結婚相手の学歴は、ここまで述べてきた大学別の結婚市場の特色が、もっとも顕著に表れたのである。

高学歴女性の夫との出会いの場

大学卒の女性は、自分と同等かそれ以上の難関度・名門度を誇る大学率の男性と結婚する程度の高いことがわかったが、それを間接的に証明する統計があるので紹介しておこう。それは女性の出身大学別に現在の夫と知り合った場所を示した統計で、図5−1がそれを示している。

この図によると、難関国立大学、一般の国立大学、早慶上智卒の女性に関しては、大学で知

図5-1　女性の出身大学別に見た現在の夫との出会いの場

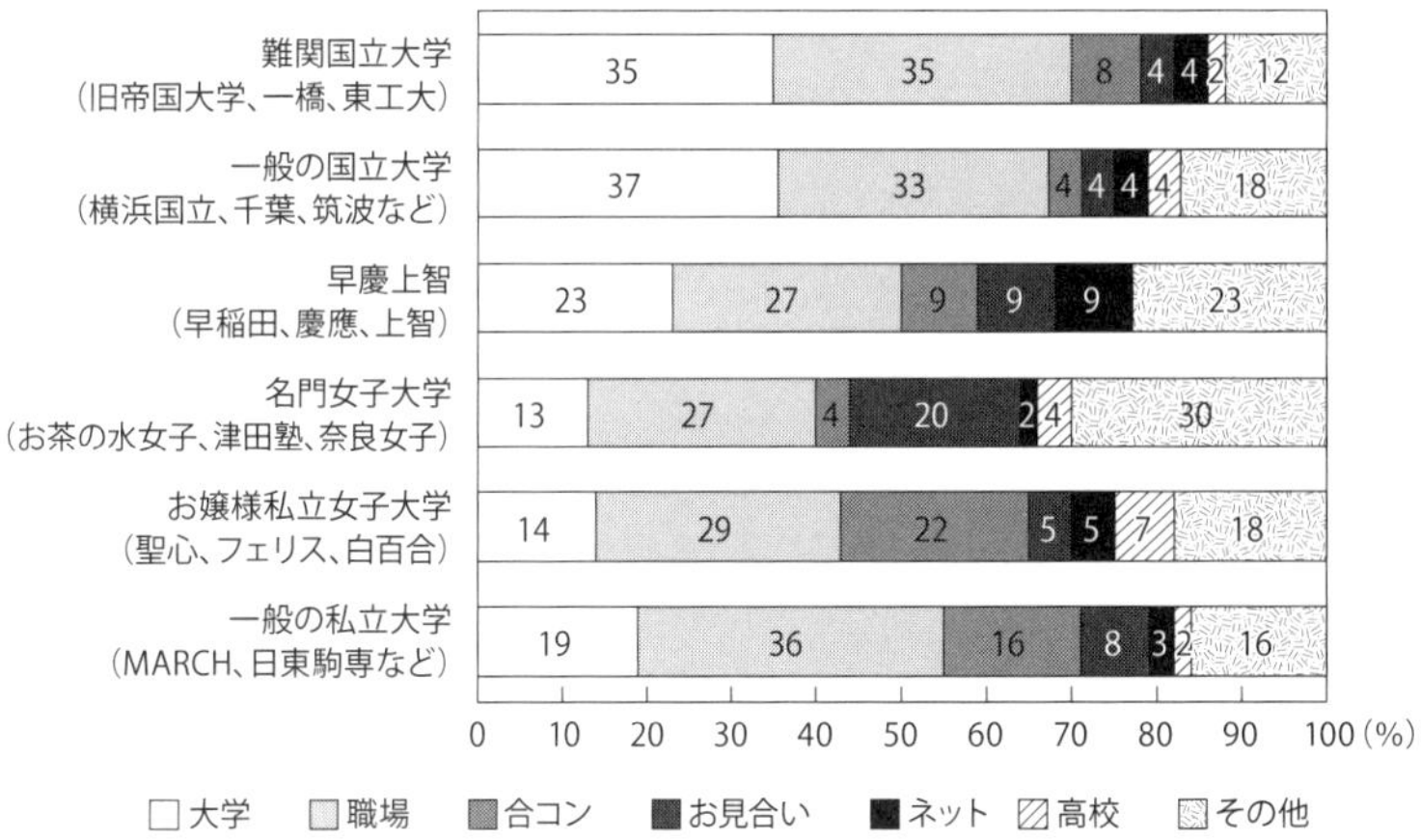

注：母集団（30~40代の首都圏の大学の既婚女性375人）。
出所：『週刊朝日』、マクロミル

り合った比率がかなり高い。大学で知り合ったというのは、クラブやサークルの付き合いで他の大学に属する男性をも含むので、全員が同じ大学で学ぶ男性とは見なせないが、高い確率で同じ大学の人と見なせる。これこそが東大・早慶卒などの女性は、東大・早慶卒の男性との結婚が多いことを間接的に証明する資料になりうる。同じ大学で学んでいれば、知り合う機会が多く、かつ恋愛関係になる可能性が高いのは自然なのである。

第6章

高学歴女性はなぜ苦悩するのか

1

高学歴女性の結婚事情

高学歴女性が最初に遭遇する苦悩は、卒業後の就職先を見つけることにあるが、これは既に論じたので、次の人生上のステージとして家族の形成、すなわち結婚を分析してみよう。高学歴女性は結婚にどう対応しているのであろうか。これまでは結婚は人生上の一大イベントであったし、ほぼ１００％に近い人が結婚する皆婚社会の日本であったが、その姿は変化しているのだろうか。

まずは学歴別で結婚率に違いがあるのかを知っておこう。表6-1は全国と東京都の二つにおいて、年齢別、そして大卒、短大卒、高卒別に未婚率の違いを女性について示したものである。この表からいくつかのことがわかる。まず第1に、晩婚化が進んでいることはよく知られているのであるが、25~34歳の女性で結婚していない人の比率は、昔と比較してかなり高い。それでも年齢が高くなると未婚率は減少しているので、この間に結婚する人のいることを示している。

第2に、学歴別に見ると、大卒の未婚率がもっとも高く、次いで短大卒、高卒の順に低くなる。30~34歳の大卒女性では全国で33・2％、東京都では実に40・9％が未婚なので、かなり

表6-1　年齢別、学歴別に見た女性の未婚率（%）

		大卒	短大卒	高卒
全国	25歳～29歳	69.3	56.5	45.1
	30歳～34歳	33.2	27.1	22.6
東京都	25歳～29歳	73.7	64.0	55.9
	30歳～34歳	40.9	35.9	32.1

出所：総務省『国勢調査』2000年

高い比率で高学歴の未婚者のいることがわかる。大学卒業後既に10年前後は過ぎている年齢なのに、結婚には至らないのである。結婚しない理由にはいろいろある。もともと結婚する意思のない人もいれば、結婚の意思はあるが熱心にサーチしない人、そしてサーチしたが未成就の人など、様々である。これらについては深入りしない。

第3に、東京という大都会と地方の差は大きく、大都会の女性ほど結婚しない確率が高い。地方では親や社会からの結婚圧力があるだろうし、女性が働いても賃金はそう高くないので、夫の賃金を頼りにしたい希望から結婚する人もいるだろう。大都会であれば働き甲斐のある仕事でしかも賃金の高い職が多いので、1人で暮らしていけると自負する女性が多い。それが顕著に表れているのが、大都会の大卒女性と考えてよい。

日本の女性においては学歴の高い人（例えば大卒女性）ほど結婚しないことがわかったが、これを本章のタイトルで述べた「苦悩」と称するには、反対意見も多いだろう。結婚したくない人にまで結婚しないことを「苦悩」と呼ぶのは行き過ぎなので、留意の言葉を添えておこう。

では難関大学・名門大学で学ぶ女性の結婚事情はどうであろうか。これを知るには卒業大学別に女性の結婚率を知る必要があるが、このデータはなかなか存在しない。一つだけ挙げれば、既に紹介した１９６４（昭和39）年前後生まれの東大卒女性の結婚率は83％だったので、未婚率は17％であった。東大卒だけで代表させるのはやや危険であるが、他の難関大学・名門大学卒の女性の未婚率も同程度であろうと想像できる。これを確認するにはもっと大規模なデータが必要であることを付記しておこう。

最後に、大学卒（難関大学を含めて）の女性に未婚率の高い理由をまとめて論じておこう。

第１に、学識・技能が高いので職業・キャリアへの思いが強く、結婚して家族を持つとそれの妨げになる可能性を予想して結婚をためらう。これまでの日本であれば、社会の指導的な地位に立った女性のかなりの数が、独身である事実によってそれが確認できる。

第２に、日本の女性は自分の学歴（大学の格をも含めて）と同等か、それともそれ以上の学歴の男性との結婚を望んでいるので、配偶者のサーチがやや困難になりがちである。一方の男性は女性の学歴にこだわる程度は低いので、学歴に関することが結婚の障害になる確率は低い。

第３に、第１で述べたことの延長であるが、学歴の高い女性は就業にも恵まれて所得が高いので、一人身で生活できる経済力を保持している。夫の所得に頼る必要性がないので、独身であっても経済的に困ることはない。

結婚後の職業生活

大学卒（難関・超難関大学を含めて）の女性が結婚して職業を持ったとき、いくつかの決断が待っている。特に子どもが生まれたときにキャリアを続けるかどうかであり、既に議論したように日本女性の労働参加率のM字型カーブは、一部が仕事を辞める事実を示唆している。他にも総合職に就いていて転勤の命令があったときにどうするかも論点である。他の理由（例えば企業が総合職にふさわしい処遇をしてくれない）でもって中途退職、転職する高学歴女性はかなり存在する。

転勤についてであるが、最近ヒアリングをいろいろ行った結果、次のようなことがわかった。夫と妻の勤務先が同じであれば、転勤先を同じ地域にして同居できるようにする方針の組織が多い。例えば、外務省であれば同じ国の同じ都市に着任させる、裁判所・検察庁においても同じ地域への配置換え、民間企業においてもできるだけ同じ事業所、あるいは事業所は異なれど両者の近い地域に配属して、同居できるようにしている。同じ雇い主の下で働いている夫婦にはこのような配慮のなされる時代になっているのは好ましいことである。

問題は夫と妻が異なる雇い主の下で働いていて、どちらか一方が転勤を命じられたとき、夫婦がどういう行動をとるかである。異なる雇い主に対して転勤先を同じにしてほしい、との希望は言い出しにくいし、たとえ申し出ても認めるケースはほとんどないであろう。もっとも、異なる雇い主であっても、例外的に同じ地域への転勤を認めたケースもある。

今までであれば、男性の方が賃金の高い職に就いている場合が多かったので、妻が仕事を辞めるか夫の転勤先で新しい職を探すのが普通であったが、今であれば逆の場合もあって、夫が職を辞するか妻の転勤先で夫が新しい仕事を探すケースもある。もう一つの選択肢は、夫か妻が単身赴任するケースであり、日本では結構多い。特に子どもがいる場合には、子どもの教育のために妻が移らずに夫だけ転勤するというケースがよく見られる。

出産による子育てが、大学卒女性にどのような影響を与えるかという話題に戻そう。総合職の女性のみならず、一般職で働く女性社員、そして大学卒以外の働いているほとんどの女性にとって遭遇する話題である。この話題は現今の日本における女性労働の最大の課題であるといっても過言ではない。ワーク・ライフ・バランス論から女性が職業生活と家庭生活をうまく両立させるための政策が議論されているし、日本も遅ればせながら政府、民間ともに政策が実行されつつある。一般論は多くのところで論じられており、本書では筆者が専門職は女性に向いているとしたので、専門職の女性がこの問題でどう苦悩しているかを論じたい。

2 超高学歴女性の生活

女性医師の苦悩

大卒女性の専門職の代表は医師、法曹関係、研究者の3種類と考えてよい。医師になるには困難な医学部入試の壁を乗り越えて、国家試験をパスすればよい。法曹関係はこれも困難な司法試験をパスしてから、司法研修所での研修を経て裁判官・検事・弁護士になる。研究者は多くの場合大学院教育を受けてから、できれば博士号を所得して、大学ないし研究所で研究、教育を行う。相当に高い学識と技能を習得する職業なので専門職の代表と見なしてよい。

橘木・迫田（2013）によると、興味深いことに、医師、法曹関係者、大学の研究者ともに、これらに従事する女性のおよそ50％前後が、夫も同じ職業、ということである。すなわち、医師と医師、弁護士・裁判官・検事同士、大学の研究者同士という夫婦の組み合わせが、女性から見ておよそ半数なのである。一般にこれらの職業は男性の数が女性より多いので、男性から見ると配偶者の女性が同じ職業という比率は50％よりかなり低いのに注意されたい。

なぜ女性から見て夫が同じ職業が多いのかは、女性で難関大学・名門大学の卒業生が同じ大学卒の男性と結婚している人の多い理由が、そのまま適用できる。医学部の学生時代を一緒に過ごした、法科大学院や司法研修所で同窓であった、同じ研究者仲間であったなど、若い頃に学び舎、職場を共通にしていたので知り合う機会が多く、恋愛の末にゴールインというのはごく自然だからである。

話題を女性医師の職業生活に戻そう。女性医師にとって難題はいくつかある。体力的なハンディと勤務時間の制約から、外科のような長時間の手術は困難、夜勤などができないといったこともあるが、ここでは医師になってから何年か過ぎると、中途で医師をやめねばならない事実を考えてみよう。

Ｄｒ．ジョブラボのＨＰによると、岡山大学が行った医局の調査では、女性医師１４０３名に対し、離職経験者は46・６％にも達していた。それも92・４％が卒業してから10年以内の離職であった。年齢を考えると結婚・出産による離職が大半であると見なせる。なお離職期間は様々であるが、６カ月から1年がもっとも多いので、出産による離職がほとんどと考えられる。とはいえ、5～10年という長い期間を休職した女性医師も中にはいるし、医師をやめてしまった人もいる。

既に紹介したように女性医師の結婚相手は、約50％が男性医師なので、夫婦で医師という組み合わせは日本では多い。どちらも勤務医か開業医、どちらかが勤務医で相手は開業医といろいろであるが、女性医師が医師をやめてしまうケースは、夫婦ともに医師のケースが多いと想像できる。それは医師の平均収入が高いので、たとえ妻が離職しても一家の収入は相当な高さを維持することができるからである。

実は出産する女性医師にとっては、開業医には余計な負担がかかる。開業医は自営業なので雇い主は自分であって、病院といった組織ではないので、出産・育児休暇の制度を誰が保障するかとなれば自分ということになる。開業医というのはある程度の資金がないとできないので、女性も男性も若い年代の時は勤務医が多い。もっとも親が開業医で、息子・娘がそれを継ぐケースもあるので、若い医師の全員が勤務医というわけではない。

勤務医の女性が出産すれば、雇い主の病院は出産・育児休暇を与えねばならないので、さほどの問題は発生しない。むしろ出産後の子育てをどうするかが課題である。子育ての問題は働きながら子育てするすべての既婚女性が悩む問題であるし、よく論じられているのでここではそれをせず、女性医師特有の問題について考えてみたい。

それは医師という高い専門性を伴う職業の課題でもある。半年や1年の離職後に医業に戻れば、技能を失わずになんとか処理できるであろうが、長期にわたれば、その間の医療技術の進歩や新薬開発の現状から取り残され、戻ったときは医師として最先端の仕事のできない可能性がある。医療に関する技能も陳腐化している恐れもある。ある高名な医学者にヒアリングした結果によると、医師が現場から2年も離れていると、たとえ復職しても元の技術水準に戻るのは不可能とのことであった。これは女性医師にとって不幸なことである。

対策はいくつかある。まずは技能が陳腐化しないように、出産・育児休暇中もパートタイムとして働くことによって、陳腐化を防げるのではないか。医療技術や新薬開発の進歩が激しい診療科を避けて、比較的進歩の遅い診療科を選べば、復職後に元に戻るのは容易であろう。この策はもう多くの女性医師によって採用されている手段である。

最後に、女性医師が医者をやめてしまう場合に発生する国家の苦悩を述べておこう。国立大の医学部で一人の医師を養成するのに、およそ7000万〜8000万円投資している。医師を中途でやめられてしまうと、国費の無駄遣いとまでは言わないが、損失であることは確実である。特に医師不足の折、この問題は深刻である。何とか女性医師が医師を続けられるような支援が特に望まれる。

法曹の世界と大学の世界で生きる高学歴女性

専門職の代表である裁判官、検事、弁護士といった司法界で生きる女性には、女性医師ほどの苦労はない。司法界の女性も配偶者の職業が同じという人がほぼ半数と述べたが、裁判所も検察庁も夫婦の勤務が同じ地域になるよう配慮していることも述べた。こういう夫婦では転勤による苦悩は小さい。もっとも配偶者が他の職業に就いている場合は別であるが。

出産・育児休暇による技能の低下も、医師の世界ほど深刻ではないと判断される。法律の改正はそう頻繁に行われないし、休暇中も判例などの文献を読むことができるからである。むしろ自営業である弁護士においては、しばらく顧客と接しない期間があるので、下手をすると顧客を失うことがあるかもしれない。大手の弁護士事務所であれば代替弁護士の手立てをするであろうが、中小、あるいは個人事務所であれば無視できない問題かもしれない。

実は専門職の女性にとってもっとも恵まれているというか、お勧めなのは大学の研究者になることである。なぜならばいろいろある専門職のうち、大学の研究者には労働時間に自由があるからである。大学教員には自宅研修という制度が認められていて、四六時中研究室あるいは大学にいなくてもよいのである。極論すれば、大学での講義と教授会の時間以外は、どこにいてもよいのである。本来は自宅でも研究に励むべしというのが原則であるが、監視の目がないので何をしていようが勝手である。研究に意欲を失った人は勉強以外のことをしているし、既婚女性であれば家事・育児に勤しむのは可能である。既に筆者のまわりには、配偶者が労働時間で制約のきついときに、男性・女性を問わず大学教員が家事・育児に熱心だった人が多い。

この事実は、女性が大学の研究者になれば、家事・育児の制約からかなり逃れられる可能性を示唆しているので、学問・研究の好きな人にとっては勧められる職業である。ワーク・ライフ・バランスを見事に達成できる職業になりうるからである。

3 高学歴女性のキャリアと政府への希望

高学歴女性が民間企業（特に大企業）と役所で公務員として働くときには、総合職と一般職、そして少数の企業では転勤のない地域限定総合職の区別にあることとは、これまでの章で詳しく議論してきた。そして総合職には超高学歴層（名門大や有名大の卒業生）が多く、一般職にはそれ以外の大学の卒業生の多いことを明らかにした。ここではこれらの区別に女性がどう対応したらよいかを主として論じてみたい。

民間企業と公務員

その前に民間企業と公務員の違いを認識しておきたい。それは雇用の安定性に関することと、採用者の処遇方式である。公務員は、雇用の安定性に関しては国家公務員・地方公務員を問わずかなり高い。一方の民間企業は、大企業と中小企業とでは倒産の確率の違うことは皆の知るところであるが、経営状態によっては企業倒産の見られることがあり、雇用の場を失うこともありうる。したがって雇用の安定を望む女性には公務員が勧められるが、雇用の安定性をそれほど重視しない、あるいは転職や企業を移ることを気にしない女性には民間企業が勧められる。

しかし、賃金という報酬に関しては、民間企業（特に大企業）は公務員よりも正規職員であれば平均的にやや高いし、社員間の報酬格差は年功序列制がまだ根強く残っている公務員と比較すると、能力・実績主義の浸透により、民間企業の社員の方が大きいのは事実である。さらに労働時間に関しても、例外はかなりあるが、一般に公務員は役所に労働法遵守の精神があるだけに短く、民間企業の方が長い。特に企業が繁栄・成長しているときは長時間労働を強いられることがある。

以上のことをまとめると、リスク志向の強い女性は民間企業に向いており、逆に安定志向の強い女性は公務員が向いていると、一般論として言える。さらに、高い所得を望む女性は民間企業、低いとは言わないがそれほど高い所得を得なくてもよいとする女性は公務員がふさわしいと言えるのではないだろうか。最後に企業間・社員間の競争が激しい民間企業では、激務を厭わない女性にふさわしく、それほど競争の激しくない公務員では、激務を避けたい女性にふさわしい。ここで述べたことはあくまでも一般論であって、どういう仕事をしたいのかとか、働く人の個性や好みに依存することを強調しておこう。

総合職と一般職

本論の総合職と一般職の違いに戻ろう。これらの職業は専門職とは異なり、ともにライン職なので、いろいろな職務に就かねばならないことを覚悟する必要がある。換言すれば、時には好みでない仕事をせねばならないかもしれないし、複数の人（上司、同僚、部下など）と共同で仕事をすることが多い。

もっとも大企業であれば、個々の部門で働く人が多いので、例えば総務・人事畑、経理畑、営業畑、製造畑などで示されるように、キャリアに特化できる可能性が結構高く、自己にふさわしい畑で働くことができればそれに越したことはない。換言すれば、入社後10年以内に自分に最適な畑を見つける努力をすることが期待される。

総合職は主に少数の超高学歴女性が就く職であることを述べた。したがって、名門大や有名大に進学しなかった女性にとってはなかなか就けない。これは普通の大学に進学した女性にとって不幸なことかと問われれば、筆者は必ずしもそうは思わない。これまでの日本社会において、名門大・有名大に進学した男性とそうでない男性の間に格差は歴然として存在していたのであり、何も女性大学卒にのみ適用されるようになった性質ではない。社会（特に日本において）全般に存在する学歴社会が、日本の女性にも適用されるようになったにすぎないのである。

もっと重要なことは、企業や役所において係長、課長、部長、役員、局長といったように、管理職に就くだけが人生の目的ではないと理解できれば、総合職ではなく一般職であっても十分に生きがいのある人生を送れるのである。以前の章で示したように、日本人が幸福、満足感を得られるのは働くことからではなく、家族や友人と親しい生活を送れたり、趣味を楽しめる人生を送れることからである。こういう人生は総合職ほど激務でないだけに、一般職でも十分に、あるいはそれ以上に到達できることである。

やや誇張すれば、激しい昇進競争を勝ち抜くにはガムシャラに働かざるをえないし、ストレスを感じることもある。これでは家族、友人、趣味などを犠牲にしなければならないかもしれないし、働くだけの生活という悲しい人生になるかもしれない。もっともこういう人生でもかまわない、ハードに働いて昇進競争を勝ち抜いて高い報酬を望む女性まで否定する気はまったくなく、そういう女性は総合職を目指してもよい。要はどういう人生を望むのか、という女性の選択に任されている。それは超高学歴女性でも一般職を選ぶ人がいることでわかる。

大学卒業時には総合職を希望したが、それを達成できず不本意に一般職で就職した女性はどうであろうか。以前の章で示したように、多くの企業で入社後に一般職から総合職に転換する制度を導入しつつある。入社後数年を経てから、自分は一般職よりも総合職を望むと感じるようになった女性は、その機会に挑戦することがあってよい。あるいは企業を移るという転職もあってもよい。逆に職務は一般職であっても、生活の満足感（幸福感）をいろいろな所から得られている（例えば結婚や家族、そして趣味など）と感じるようになっていれば、あえて総合職への転換を目指さなくてよく、一般職でも幸福な人生を送れるのである。誇張を書くことを許されるなら、働くということは賃金・所得を稼ぐための手段にすぎないと達観すれば、かなり気が楽になると思われる。

政府への希望

最後に、本書での議論から生じる課題に関する政策として、政府への希望を述べておこう。多くは本論で論じたことなので、ここでは簡単な箇条書きとしてまとめの意味での記述にとどめる。

（1）総合職と一般職という身分上の区別は本来存在すべきではないが、選択の自由が保障されている限り廃止する必要はない。ただし、あまりにも処遇に差のある区別は避けるようにと、両者間の移動があるようにという制度にするように、政府の指針があってよい。

（2）女性にとって最大の障害は、企業や官庁における昇進をはじめとした差別の存在である。一時的な混乱はあるだろうが、例えばノルウェーが導入したように、クォータ制度（割当て制度）で女性の管理職や役員の最低比率を導入する法案を、政府が先導してほしい。官庁は政府が直接関与できるのですぐにも導入が可能であるし、官庁で成功すれば徐々に民間企業にも波及することは確実である。

（3）正規労働者と非正規労働者という身分上の区分も本来はあってはならないが、非正規労働を望む人もいるので否定はしない。ただし処遇上の不公平は避けるべきで、例えば同一価値労働・同一賃金の原則や昇進に区別をしてはならないといった原則の徹底策に、政府は音頭取りをしてほしい。

（4）数多く存在する女性の短時間労働者への社会保険制度の加入の制限を緩和する政策が必要である。現時点では週20時間労働が最低となっている制度が多いが、それをもう少し緩和するのが望ましい。最低雇用期間の短縮策も同様で、働く期間と働かない期間を繰り返す労働者も社会保険制度に加入できるようにしたい。

（5）大学進学を希望する女性が、もっと理工系や社会科学系を専攻するように、政府そして教育界が熱心な行動を実行して、女性が社会に出てから仕事の場が多く見つけられるようにしたい。

（6）高学歴女性をはじめ、すべての女性が働きやすくなるためには、徹底した子育て支援を政府が行う必要がある。児童手当、育児休暇、幼稚園・保育園の確保とそこで働く人の処遇改善策など、多くの施策の充実が必要である。高齢者に偏り気味の日本の福祉制度を、子どもを第一にしたヨーロッパ並みの社会福祉策にすることを期待したい。これこそが女性の活性化と出生率を高める決め手となる。男女が共同で人生に取り組めるようになるには、男性の理解と協力が不可欠であると申し添えておこう。

おわりに

日本社会は学歴社会であった。どの水準（中学、高校、短大、大学）の学校まで進学したか、といったことに加えて、大学卒であってもどの大学を卒業したかがその人の人生に影響力がある、というのが学歴社会での特色であった。

名門大・有名大を卒業した人が企業、官庁を筆頭にしてあらゆる世界で有利な人生を送れたのである。ところでそれは男性を念頭においたことであり、女性に関してはほとんど作用していないと考えられてきた。あるいは深刻に受け取る必要のないことであった。せいぜいあったとすれば、高学歴女性は男性の中で高学歴で良い職業に就き、しかも高い所得の人と結婚できるというメリットしかなかった。大多数の女性がキャリアをまっとうして、良い仕事に就いて高い所得を得る希望がなかったからによる。

ところが時代は変わって、多くの女性が大学に進学するようになった。現代は女性の四年制大学進学率は50％前後に達しているし、多くの女性が働き続ける時代となった。そうすると、男性社会に特有だった学歴の差が、女性の大卒者の間でも浸透するようになったのである。それはいろいろな分野で見られるようになったと示したが、本書では総合職・一般職の身分差、管理職と専門職の差で論じた。

さらに大学個々の特性や何を大学で専攻したかの効果にも注目した。女性においても名門大学卒は就職の際有利であることは、男性ほどではないが同じ兆候を示している。就職後どうであるか、例えば昇進などに注目すれば差はあるし、専門職でもその有利さは続く。企業や役所では弱まったとはいえ、女性は今でも男性以上に処遇上は不利となっている。この不公平とも見なせる女性への差別は、撤廃されねばならない。大学で何を専攻すべきかに関しては、従来のような人文科学、芸術系に集中するのではなく、理工系、あるいは社会科学系にもっと進出すべきと主張した。

男性との比較に関して言えば、男性は結婚によって人生を変えることはほとんどないが、女性にとっては仕事をどうするかなど影響力が大きい。結婚して出産すればもっと深刻で、そのときも仕事をやめることがあるし、育児との両立が大変となる。女性だけが子育てによる制約でキャリア形成を妨げられることがないように、企業も家庭でも知恵を絞るべきだろう。働き方改革をはじめ子育て支援など、社会が多大な支援策を施す必要があることは当然である。

女性が男性と比べて不利な選択をしなくて済むようにする社会の構築が望まれる。そうした社会は女性だけでなく男性も生きやすいものであるはずである。女性・男性共に柔軟な働き方・生き方を選択できる社会が理想である。

女性間の格差は、単に学歴や所得だけでは測れないことがあると述べた。既婚女性は家庭内で自分の稼ぎが増えると幸福度が下がり、大卒女性よりも短大卒女性の方がほんの少しだが幸福度が高いという衝撃的なデータもあった。本来ならば大卒女性の方が、短大卒女性よりも幸福度がかなり高いと想定されるところに、意外な結果であった。一生懸命勉強し、働いているのに幸福度が上がらないという女性特有の問題を解決するには、どうすればいいのか。社会全体として取り組んでいくべきだと考える。

東洋経済新報社の矢作知子氏は前著『女女格差』同様に、的確なコメントと効率的な編集作業をされた。厚く御礼申し上げる。ただし残っているかもしれない誤謬と主張に関する責任は筆者にある。

参考文献

大内章子（2012a）「大卒女性ホワイトカラーの中期キャリア――均等法世代の総合職・基幹職の追跡調査より」『ビジネス&アカウンティングレビュー』第9号、pp.85–105

大内章子（2012b）「女性総合職・基幹職のキャリア形成――均等法世代と第二世代とでは違うのか」『ビジネス&アカウンティングレビュー』第9号、pp.107–127

大竹文雄・白石小百合・筒井義郎編著（2010）『日本の幸福度――格差・労働・家族』日本評論社

大槻奈巳（2018）「若年層男女の管理職志向」『現代女性とキャリア』第10号、日本女子大学現代女性キャリア研究所、pp.19–24

小山静子（2009）『戦後教育のジェンダー秩序』勁草書房

坂田桐子（2018）「女性の昇進を阻む心理的・社会的要因」『現代女性とキャリア』第10号、日本女子大学現代女性キャリア研究所、pp.24–32

橘木俊詔（2006）『格差社会――何が問題なのか』岩波新書

橘木俊詔（2008a）『早稲田と慶応――名門私大の栄光と影』講談社現代新書

橘木俊詔（2008b）『女女格差』東洋経済新報社

橘木俊詔（2009）『東京大学――エリート養成機関の盛衰』岩波書店

橘木俊詔（2011）『京都三大学　京大・同志社・立命館――東大早慶への対抗』岩波書店

橘木俊詔（2012）『三商大　東京・大阪・神戸――日本のビジネス教育の源流』岩波書店

橘木俊詔（2013）『「幸せ」の経済学』岩波書店

橘木俊詔（2014）『実学教育改革論――「頭一つ抜ける」人材を育てる』日本経済新聞出版社

橘木俊詔（2016）『新しい幸福論』岩波新書

橘木俊詔（2017）『子ども格差の経済学――「塾、習い事」に行ける子・行けない子』東洋経済新報社

橘木俊詔（２０１８）『学歴入門』河出文庫

橘木俊詔・迫田さやか（２０１３）『夫婦格差社会——二極化する結婚のかたち』中公新書

橘木俊詔・髙松里江（２０１８）『幸福感の統計分析』岩波書店

日本女子大学（２０１１）『女性の多様なキャリア開発のための基礎的研究』研究成果報告書、日本女子大学現代女性キャリア研究所

本間道子（２０１８）「性差を超えた新たなリーダーシップの構築を」『現代女性とキャリア』第10号、日本女子大学現代女性キャリア研究所、pp.6–18

ボック、デレック（２０１１）『幸福の研究——ハーバード元学長が教える幸福な社会』土屋直樹・茶野努・宮川修子訳、東洋経済新報社

山口一男（２００６）「夫婦関係満足度とワーク・ライフ・バランス——少子化対策の欠かせない視点」RIETI Discussion Paper Series 06–J–054　経済産業研究所

山口一男（２０１７）『働き方の男女不平等——理論と実証分析』日本経済新聞出版社

脇坂明（２０１８）『女性労働に関する基礎的研究——女性の働き方が示す日本企業の現状と将来』日本評論社

脇坂明・冨田安信編（２００１）『大卒女性の働き方——女性が仕事をつづけるとき、やめるとき』日本労働研究機構

Glick, P. and S. T. Fiske (1996) "The Ambivalent Sexism Inventory: Differentiating Hostile and Benevolent Sexism," *Journal of Personality and Social Psychology*, vol. 70 (3), pp. 491–512.

Kahneman, D. *et al.* (2004) "Towards Nathional Well-Being Accounts," *American Economic Review*, vol.94 (2), pp. 429–434.

Ross, C. E. and M. Van Willigen (1997) "Education and the Subjective Quality of Life," *Journal of Health and Social Behavior*, vol.38 (3), pp. 275–297.

【著者紹介】
橋木俊詔（たちばなき　としあき）
1943年生まれ。小樽商科大学卒業、大阪大学大学院修士課程修了、ジョンズ・ホプキンス大学大学院博士課程修了（Ph.D.）。大阪大学、京都大学教授、同志社大学特別客員教授を経て、現在、京都女子大学客員教授、京都大学名誉教授。その間、仏、米、英、独の大学や研究所で研究と教育に携わり、経済企画庁、日本銀行、財務省、経済産業省などの研究所で客員研究員等を兼務。元・日本経済学会会長。専攻は労働経済学、公共経済学。
編著を含めて著書は日本語・英語で100冊以上。日本語・英語・仏語の論文多数。主著として『格差社会』（岩波新書）、『女女格差』（東洋経済新報社）、『「幸せ」の経済学』（岩波書店）、『プロ野球の経済学』（東洋経済新報社）、『家計の経済学』（岩波書店）、『日本の経済学史』（法律文化社）、『"フランスかぶれ"ニッポン』（藤原書店）ほか。

女子の選択

2020年2月13日発行

著　者——橘木俊詔
発行者——駒橋憲一
発行所——東洋経済新報社
〒103-8345　東京都中央区日本橋本石町 1-2-1
電話＝東洋経済コールセンター　03(6386)1040
https://toyokeizai.net/

カバーデザイン……橋爪朋世
D T P…………アイランドコレクション
印　刷…………東港出版印刷
製　本…………積信堂
編集担当………矢作知子
　ISBN 978-4-492-22394-9